- *Le dieci piaghe* -

Vita di
Disobbedienza
e
Vita di
Obbedienza

Dott. Jaerock Lee

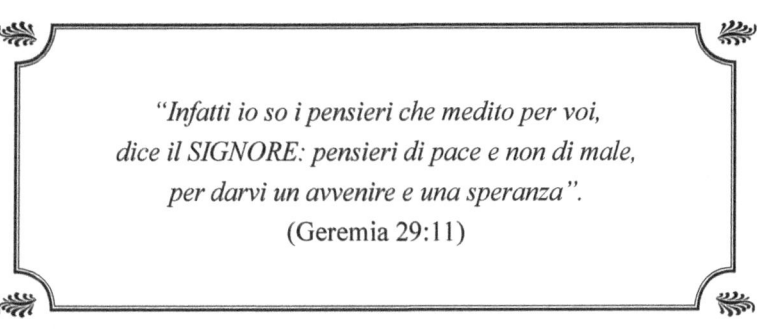

*"Infatti io so i pensieri che medito per voi,
dice il SIGNORE: pensieri di pace e non di male,
per darvi un avvenire e una speranza".*
(Geremia 29:11)

Vita di disobbedienza e Vita di obbedienza Dott. Jaerock Lee
Pubblicato da Urim Books (Rappresentato da Seongnam Vin)
73, Yeouidaebang-ro 22-gil, Dongjak-gu, Seoul, Corea
www.urimbooks.com

Tutti i diritti riservati. Questo libro – o parti di esso – non può essere riprodotto in alcuna forma, memorizzata in un sistema di recupero o trasmessa in qualsiasi forma o con qualsiasi mezzo, elettronico, meccanico, fotocopiatura, registrazione o altro, senza previa autorizzazione scritta dell'editore.

Salvo diversa indicazione, tutte le citazioni sono tratte da Scrittura Sacra Bibbia, Copyright ©, La Nuova Riveduta sui testi originali (1994, edizione del 2006), a cura della Società Biblica di Ginevra. Usate con il permesso.

Copyright © 2018 by Dr. Jaerock Lee
ISBN: 979-11-263-0515-5 03230
Copyright Traduzione © 2013 Dr. Esther K. Chung usato con permesso.

Precedentemente pubblicato in coreano da Urim Books nel 2007

Data prima pubblicazione gennaio 2020

A cura del Dott. Geumsun Vin
Progettato dal Bureau Editoriale di Urim Books
Stampato da Printing Company Prione
Per ulteriori informazioni, rivolgersi a: urimbook@hotmail.com

Prologo

La guerra civile negli Stati Uniti raggiunse il suo apice nel momento in cui il sedicesimo presidente, Abraham Lincoln, proclamò il 30 aprile 1863 giornata di preghiera e digiuno.

"Le spaventose catastrofi che viviamo oggi sono con ogni probabilità la punizione per i peccati dei nostri padri. Siamo stati troppo orgogliosi, del nostro successo e della ricchezza, tanto da dimenticare l'Iddio che ci ha creati. Confessiamo oggi i peccati della nostra nazione e chiediamo a Dio di avere misericordia con l'atteggiamento umile. Questo è il dovere di ogni cittadino degli Stati Uniti d'America".

Come suggerito dal grande leader, molti americani quel giorno osservarono il digiuno e pregarono.

Lincoln umilmente implorò Dio di salvare gli Stati Uniti

d'America dall'autodistruzione. Tutti possiamo trovare le risposte a ogni nostro problema in Dio.

Nel corso dei secoli il Vangelo è stato abbondantemente predicato, ciononostante molti sono quelli che preferiscono non ascoltare la parola di Dio e credere in sé stessi.

Viviamo nell'era degli sconvolgimenti climatici, dei disastri naturali, delle malattie virulente e resistenti ai trattamenti farmacologici nonostante il progresso scientifico.

Certo, è più che mai plausibile che la gente abbia fiducia in sé stessa, meno che si fidi di Dio. Ognuno può fare ciò che vuole, ma tutti evitano con attenzione la menzione di parole come ansia, dolore, povertà o malattia.

Eppure, tutto può accadere. In un solo giorno una persona può perdere la sua salute, la propria famiglia, le fortune accumulate, basta un incidente. Per non parlare di chi, vive la propria esistenza attraversando molte difficoltà, sia nella propria vita affettiva sia professionale.

Alla fine, tutti dicono: "Perché proprio a me?". Non conoscono la via d'uscita. Anche molti credenti, purtroppo, soffrono prove e grandi difficoltà, perché non conoscono la soluzione ai loro problemi.

Come ogni cosa che accade ha la sua origine, anche tutti i problemi e le difficoltà che vi ritroverete a vivere hanno le loro cause.

Le dieci piaghe inflitte all'Egitto e le norme per la Pasqua, come raccontate nel libro dell'Esodo, rappresentano le linee guida per trovare le soluzioni a tutti i problemi con cui il genere umano si confronta oggi sulla faccia della terra.

Nella simbologia spirituale, l'Egitto raffigura il mondo, e la lezione che la storia delle dieci piaghe d'Egitto insegna è tutt'oggi applicabile, sebbene molti non comprendano quale sia la volontà di Dio contenuta in questo resoconto.

La Bibbia non riporta mai, letteralmente, la dicitura: "dieci piaghe", motivo per cui, alcuni sostengono che siano undici o addirittura dodici, includendo anche la trasformazione del bastone di Aronne in un serpente.

Di fatto, però, in questo caso, non essendoci stata alcuna conseguenza letale nel vedere un serpente, sebbene un serpente nel deserto può essere spaventoso considerata l'elevata tossicità del suo veleno in queste condizioni climatiche, (motivo per cui alcune persone includerebbero questo evento tra le piaghe), è in ogni caso incongruo includere questo evento tra le calamità inflitte all'Egitto.

L'altro incidente che alcuni vorrebbero includere tra le piaghe è la morte dei soldati egiziani nel Mar Rosso, dal momento che il popolo d'Israele non aveva ancora attraversato il mare. In ogni caso, la questione importante non è tanto individuare il numero esatto di piaghe, quanto il significato spirituale e la provvidenza di Dio in esse contenuti.

Leggendo questo libro avrete modo di confrontare la vita del faraone, che disobbedì alla parola di Dio, e quella di Mosè, che gli obbedì. Leggerete altresì che l'amore di Dio e la Sua misericordia sono senza limiti, che la via della salvezza passa attraverso il significato che assumono la celebrazione della Pasqua, la legge della Circoncisione e la festa dei Pani Azzimi.

Faraone vide la potenza di Dio, ciononostante scelse di disobbedirgli, per questo cadde in uno stato irreversibile. Gli Israeliti, perché che Gli ubbidirono, rimasero al sicuro da ogni disastro.

Il motivo per cui Dio ci parla delle dieci piaghe è per farci capire il perché delle prove che passiamo e come poter risolvere tutti i problemi della vita per condurre così un'esistenza priva di qualsiasi disastro. Inoltre, raccontandoci delle benedizioni che verranno su di noi quando obbediamo, Egli desidera che ognuno possegga il regno celeste in qualità di figli.

Chiunque legge questo libro troverà il segreto per risolvere i disastri della sua vita, avvertirà il sapore dolce della tempra dello Spirito Santo come dolce pioggia dopo una lunga siccità, e verrà guidato verso la soluzione delle sue sofferenze.

Desidero ringraziare Geumsun Vin, il direttore dell'ufficio editoriale e tutto il suo staff, che ha reso possibile questa pubblicazione. Prego nel nome del Signore Gesù Cristo, che tutti i lettori conducano una vita di obbedienza in modo che possano ricevere amore incredibile e benedizioni di Dio.

Luglio 2007

Jaerock Lee

Indice

Prologo

La Vita di disobbedienza · 1

Capitolo 1
Le dieci piaghe inflitte all'Egitto · **3**

Capitolo 2
Vita di disobbedienza e piaghe · **19**

Capitolo 3
Sangue, rane, e moscerini · **31**

Capitolo 4
Mosche, peste e bolle · **49**

Capitolo 5
Piaghe di grandine e locuste · **65**

Capitolo 6
Tenebre e morte dei primogeniti · **79**

La vita di obbedienza · **93**

Capitolo 7
Pasqua e via di salvezza · **95**

Capitolo 8
Circoncisione e Santa Cena · **111**

Capitolo 9
Esodo e la Festa dei Pani Azzimi · **127**

Capitolo 10
Vita di obbedienza e benedizioni · **139**

La Vita di
disobbedienza

Ma se non ubbidisci alla voce del SIGNORE tuo Dio, se non hai cura di mettere in pratica tutti i suoi comandamenti e tutte le sue leggi che oggi ti do, avverrà che tutte queste maledizioni verranno su di te e si compiranno per te: sarai maledetto nella città e sarai maledetto nella campagna. Maledetti saranno il tuo paniere e la tua madia. Maledetto sarà il frutto del tuo seno, il frutto della tua terra; maledetti i parti delle tue vacche e delle tue pecore. Sarai maledetto al tuo entrare e maledetto al tuo uscire.
(Deuteronomio 28:15-19)

Capitolo 1

Le dieci piaghe inflitte all'Egitto

Esodo 7:1-7

Il SIGNORE disse a Mosè: "Vedi, io ti ho stabilito come Dio per il faraone e tuo fratello Aaronne sarà il tuo profeta. Tu dirai tutto quello che ti ordinerò e tuo fratello Aaronne parlerà al faraone, perché lasci partire i figli d'Israele dal suo paese. Ma io indurirò il cuore del faraone e moltiplicherò i miei segni e i miei prodigi nel paese d'Egitto. Il Faraone non vi darà ascolto e io metterò la mia mano sull'Egitto; farò uscire dal paese d'Egitto le mie schiere, il mio popolo, i figli d'Israele, mediante grandi atti di giudizio. Gli Egiziani sapranno che io sono il SIGNORE quando avrò steso la mia mano sull'Egitto e avrò fatto uscire i figli d'Israele di mezzo a loro". Mosè e Aaronne fecero così; fecero come il SIGNORE aveva loro ordinato. Or Mosè aveva ottant'anni e Aaronne ottantatré quando parlarono al faraone.

Ogni individuo ha il diritto di essere felice, sebbene non sono molti quelli che arrivino ad esserlo, soprattutto nel mondo di oggi così pieno di malattie e crimini. Risulta difficile garantirsi la felicità per chiunque.

Eppure, c'è qualcuno che desidera la nostra felicità più di chiunque altro: è il nostro Dio Padre, Colui che ci ha creati. Nel cuore della maggior parte dei genitori persiste il desiderio di donare tutto ai propri figli, senza condizioni, perché siano felici. Il nostro Dio ci ama molto più e vuole benedirci in misura di gran lunga maggiore di un genitore terreno.

Come potrebbe mai questo Dio volere che i Suoi figli soffrano angoscia e disastri? Niente potrebbe essere più lontano dal desiderio di Dio per noi.

Comprendere pienamente il significato spirituale e la provvidenza di Dio contenuti nelle dieci piaghe inflitte all'Egitto, ci aiuterà a capire meglio anche il suo amore oltre che farci scoprire quali siano i modi per evitare disastri. Ma, anche di fronte alla catastrofe, capire le dieci piaghe ci aiuterà a trovare la via d'uscita e a continuare a seguire la strada delle benedizioni.

Sebbene, anche di fronte alle difficoltà, la maggior parte delle persone non crede in Lui, pur mantenendo un atteggiamento di lamento contro Dio. Anche tra i credenti ci sono alcuni che non capiscono il cuore di Dio, e, quando si trovano ad affrontare difficoltà, si perdono d'animo e cadono nella disperazione.

Giobbe era l'uomo più ricco in Oriente, e, quando le catastrofi schiacciarono la sua vita, in un primo momento non comprese la volontà di Dio. Parlava come se si aspettasse ciò che gli era successo, che rientrava in una certa logica e forse se lo stava anche aspettando, come dichiara in Giobbe 2:10. Come a dire che, avendo ricevuto benedizioni da Dio, c'era la possibilità di poter ricevere anche sfortuna. Tuttavia, in questo frangente, egli non aveva ancora compreso che Dio non dà benedizioni e disastri senza causa o motivo.

Il cuore di Dio per noi non è mai la calamità, ma la pace. Prima di studiare approfonditamente le dieci piaghe inflitte all'Egitto, prendiamo in esame la situazione in cui si trovava il popolo di Israele e le circostanze storiche di quel momento.

Come gli Israeliti diventarono un popolo

Israele è il popolo eletto di Dio e nella sua storia troviamo l'evidenza della provvidenza di Dio. Israele, che era il nome dato a Giacobbe, il nipote di Abramo, significa *"Hai combattuto con Dio e con gli uomini e hai vinto"* (Genesi 32:28).

Abramo fu padre di Isacco, il quale a sua volta, divenne padre di due gemelli: Esaù e Giacobbe. Il loro fu un parto gemellare insolito, infatti, racconta la Bibbia, che il minore, Giacobbe, stringeva il tallone del maggiore, Esaù, quando nacque. Giacobbe, crescendo, fece di tutto per accaparrarsi il diritto di primogenitura al posto del fratello Esaù, e, tanto fece che ci riuscì, a poco prezzo per altro, in cambio di un solo piatto di lenticchie. Non solo, riuscì a ingannare suo padre Isacco, e a prendere per sé le benedizioni destinate al primogenito.

Oggi, gli usi sono cambiati molto e le eredità vengono suddivise tra i figli e le figlie, ma in passato non era così. Generalmente il primo figlio riceveva tutta l'eredità, e, In Israele, questo lascito includeva anche una grande benedizione spirituale impartita dal padre.

La Bibbia ci dice che Giacobbe si appropriò della primogenitura in modo ingannevole, desiderando però ricevere le benedizioni di Dio, e che, per ottenerle, passò attraverso molte difficoltà. Dovette fuggire dal fratello furioso, servire suo zio Labano per due decadi, e far finta di non vedere che mentre lui lavorava seriamente, suo zio spesso lo imbrogliava.

Quando dopo molti anni ritornò nella sua città natale, il pericolo non era ancora scampato, perché suo fratello era ancora arrabbiato con lui. Giacobbe dovette attraversare tutte queste difficoltà a motivo della sua natura furba, per via del carattere astuto che lo portava sempre a procacciare i propri interessi e il suo personale beneficio.

Ma, temendo Dio più degli altri, seppe accettare e superare tutte queste prove, annientando il suo ego e alla fine, ricevette la vera benedizione di Dio per lui, tant'è che la nazione d'Israele fu fondata attraverso i suoi dodici figli.

L'Esodo e l'Apparizione di Mosè

Come arrivarono gli israeliti a essere schiavi in Egitto?

Giacobbe, il padre di Israele, dimostrò degli acuti favoritismi verso il suo undicesimo figlio, Giuseppe, nato da Rachele, la donna che amava. Questo, inevitabilmente, scatenò l'invidia dei fratellastri, che, alla fine, vendettero il ragazzo come schiavo a dei mercanti egiziani.

Giuseppe, però, temeva Dio, agì sempre con integrità, camminò con il Signore in ogni cosa e, in soli tredici anni dal momento in cui fu venduto come schiavo, divenne il secondo sovrano d'Egitto dopo il re.

Dopo qualche tempo, il medio oriente fu colpito da una grave siccità, e, con il favore di Giuseppe, la famiglia di Giacobbe si trasferì in Egitto. Grazie alla saggezza di Giuseppe, l'Egitto non soffrì come gli altri paesi le conseguenze della grava carestia, motivo per cui il faraone e gli egiziani trattarono la sua famiglia con grande riguardo, destinando loro un intero territorio: la terra di Gosen.

Con il trascorrere di molte generazioni, gli Israeliti prevalsero in numero e gli egiziani iniziarono a sentirsi minacciati. Dopo centinaia di anni, ormai, tutti avevano dimenticato chi era stato Giuseppe e quale grazia aveva portato nel loro paese.

Fu così, che gli egiziani cominciarono a perseguitare gli Israeliti e a ridurli in schiavitù, a costringerli, per restare in vita, a fare i lavori più duri.

Non solo, per fermare il crescente numero di Israeliti, il faraone ordinò alle levatrici degli Ebrei di uccidere tutti i neonati maschi.

Questo lo scenario, l'epoca buia in cui nacque Mosè, il leader dell'Esodo.

Quando nacque, sua madre vide che era bello e lo nascose per tre mesi, poi, non potendo nasconderlo ulteriormente, lo pose in un cesto di vimini e lo nascose tra le canne del Nilo, vicino a una secca.

Nello stesso momento, la principessa d'Egitto stava per farsi un bagno nel fiume. Vide il cesto, il bambino e decise di tenerlo per sé. La sorella di Mosè, che aveva osservato tutto a debita distanza, cercò di parlare con la principessa, e quando le fu concesso di parlarle, le raccomandò Jokebed, – la vera madre di Mosè – come levatrice. In questo modo, Mosè fu allevato da sua madre.

Naturalmente, lei gli parlò del Dio di Abramo, Isacco e Giacobbe, e degli Israeliti.

Vivendo e crescendo nel palazzo del faraone, Mosè acquisì conoscenza e competenze che lo avrebbero preparato come futuro leader di una nazione. Nel tempo, apprese con chiarezza chi era il vero Dio e chi fosse il suo popolo, e in lui, l'amore verso l'Eterno e Israele crebbero.

Dio scelse Mosè come leader dell'Esodo sin dalla nascita, preparando per lui un percorso di vita in cui avrebbe appreso e praticato sia il controllo che la leadership.

Mosè e il faraone

Poi, arrivò nella vita di Mosè il giorno della svolta. Si era sempre preoccupato per il suo popolo, per gli Ebrei, aveva l'ansia per la loro fatica e le loro sofferenze di schiavi. Un giorno, vide un soldato egiziano pestare un anziano schiavo ebreo. Fu assalito dalla rabbia tanto che per difendere l'anziano uccise la guardia. Quando il faraone venne a sapere cosa aveva fatto, Mosè fuggì.

Mosè passò i seguenti 40 anni nel deserto di Madian, a pascere pecore. Tutto questo, però, era parte della provvidenza di Dio, per prepararlo come leader. Infatti, durante i 40 anni spesi come pastore nel deserto a lavorare per suo suocero, Mosè abbandonò completamente l'arroganza di essere un principe d'Egitto e divenne un uomo molto umile.

Solo alla fine di questo lungo percorso, Dio chiamò Mosè per essere il leader dell'Esodo.

Ma Mosè gli rispose: "Chi sono io per andare dal faraone e far uscire dall'Egitto i figli d'Israele?" (Esodo 3:11).

Negli ultimi 40 anni Mosè aveva fatto il pastore di pecore,

motivo per cui, non aveva nessuna fiducia in sé stesso. Dio, che conosceva il suo cuore e la sua situazione, gli mostrò molti segni, tra cui anche quello che poi avrebbe presentato davanti al faraone: come trasformare il suo bastone in un serpente.
Mosè si umiliò completamente davanti all'Eterno e questo gli consentì di obbedire al comando di Dio. Il Faraone, a differenza di Mosè, era un uomo molto testardo e dal cuore duro.

Un uomo con dal cuore impietrito non cambia anche dopo aver visto molte opere di Dio. Nella ben nota parabola che Gesù racconta in Matteo 13:18-23, tra i quattro tipi di campi, il cuore indurito rientra nella categoria 'strada'. La strada è probabilmente il terreno più difficile perché è il suolo su cui la gente cammina. Coloro che hanno questo tipo di cuore non cambiano quasi mai, anche dopo aver visto Dio in azione.

A quel tempo gli egiziani avevano un carattere molto forte, erano coraggiosi come leoni, e il loro capo, il faraone, deteneva potere assoluto, considerato da tutti e da se stesso un dio.

La platea a cui Mosè parlò dell'Eterno aveva questa cultura, pensava che il loro re fosse l'incarnazione di una divinità, gli egiziani non sapevano nulla del Dio di cui Mosè parlava, e che, oltretutto, stava ordinando al Faraone di lasciare andare gli Israeliti.

Senza ombra di dubbio comprendere e ascoltare Mosè fu davvero complesso per loro, tanto più che grazie al lavoro degli schiavi Israeliti, essi godevano di grandi benefici.

12 · Vita di disobbedienza e Vita di obbedienza

Anche oggi, molti prendono in considerazione solo le loro conoscenze, la fama, l'autorità, o la ricchezza, nell'affermazione di un beneficio personale, e, in questa ricerca, confidano solo nelle proprie capacità. Sono arroganti e i loro cuori induriti. Il cuore degli egiziani e quello del Faraone era tanto duro da impedire loro di obbedire alla volontà di Dio. Hanno disobbedito, fino alla fine, e, alla fine, sono morti.

Naturalmente, malgrado il cuore del faraone fosse ostinato, Dio non permise che delle grandi piaghe colpissero l'Egitto, almeno non all'inizio.

Come sta scritto: *"Il Signore è misericordioso e pieno di compassione, lento all'ira e di gran bontà"* (Salmo 145:8), Egli mostrò loro la sua potenza per mezzo di Mosè molte volte. Dio voleva che lo riconoscessero ubbidendogli, ma il faraone indurì il suo cuore ancora di più.

Infine, Dio, che conosce il cuore e la mente di ogni persona, rivelò a Mosè ciò che stava per fare.

Ma io indurirò il cuore del faraone e moltiplicherò i miei segni e i miei prodigi nel paese d'Egitto. Il Faraone non vi darà ascolto e io metterò la mia mano sull'Egitto; farò uscire dal paese d'Egitto le mie schiere, il mio popolo, i figli d'Israele, mediante grandi atti di giudizio. Gli Egiziani sapranno che io sono il SIGNORE quando avrò steso la mia mano sull'Egitto e avrò fatto uscire i figli d'Israele di mezzo a loro (Esodo 7:3-5).

Il cuore indurito del Faraone e le dieci piaghe

Durante l'intero processo dell'Esodo, l'espressione *"Ma io indurirò il cuore del faraone"* è tra quelle ricorrenti (Esodo 7:3).

Letteralmente, sembra quasi che Dio abbia indurito il cuore del Faraone di proposito, e questo può portarci a fraintendere, a capire che Dio è un dittatore. Ma non è affatto così.

Il desiderio di Dio è che tutti lo conoscano e sperimentino la salvezza (1 Timoteo 2:4), anche l'uomo dal cuore più indurito sulla faccia della terra.

Dio è l'Iddio d'amore e non avrebbe mai di proposito indurito il cuore del faraone al fine di rivelare la Sua gloria. Questo è testimoniato dal fatto che Egli mandò più volte Mosè a parlargli.

Dio fa tutto in ordine, in amore, e in giustizia, secondo la sua parola, la Bibbia.

Se facciamo del male e non ascoltiamo la parola di Dio, il diavolo, il nemico, avrà diritto di accusarci. È per questo motivo che ci troviamo ad affrontare prove e difficoltà. Coloro che obbediscono alla Parola di Dio e vivono nella giustizia, invece, ricevono benedizioni.

Gli uomini scelgono le loro azioni autonomamente, seguendo il libero arbitrio e la propria volontà. Dio non designa chi riceverà benedizioni e chi no. Se Dio non fosse un Dio di amore e giustizia, avrebbe potuto infliggere subito una grande calamità all'Egitto in modo da piegare la volontà del Faraone sin dall'inizio.

Dio non vuole un'obbedienza forzata, quale risultato della paura, ma desidera che gli uomini gli aprano il cuore e gli obbediscano di propria volontà, seguendo il loro libero arbitrio.

In primo luogo, Egli ci fa conoscere la Sua volontà mostrando la sua potenza, in modo che possiamo obbedire. Quando e se non obbediamo, Egli lascia che calamità minori ci permettano di guadagnare un po' di consapevolezza.

L'Iddio onnipotente conosce il cuore degli uomini, Egli sa che il primo passo per liberarci dalle nostre malvagità è acquisendone consapevolezza, in questo modo riceveremo le soluzioni ai nostri problemi.

Anche oggi Egli ci guida verso il nostro perfezionamento in qualità di figli di Dio, finché non diveniamo santi.

Di tanto in tanto, Egli permette che prove e difficoltà superabili arrivino su di noi, in modo da identificare la malvagità del nostro cuore e liberarcene. Quando la nostra anima prospera in Lui, Egli lascia che tutto sia bene, donandoci anche la salute.

Il Faraone, non solo non si liberò della sua malvagità, ma, indurì il suo cuore e continuò a disobbedire alla parola di Dio. Le piaghe non fecero altro che mettere in luce il suo cuore duro, e Dio, che lo conosceva, lasciò che ciò accadesse. A questo si riferisce la Bibbia quando dice: "Ma io indurirò il cuore del faraone".

Se diciamo che qualcuno ha il "cuore duro", in genere, intendiamo che il carattere di quella persona è testardo, che non accetta consigli. Nella Bibbia però, per quanto riguarda il faraone, non solo si riferisce alla sua malvagità o alla disobbedienza verso la parola di Dio, ma anche al fatto che a un certo punto assunse una chiara posizione contro Dio.

Come accennato in precedenza, il faraone viveva un'esistenza totalmente egocentrica, tanto da considerarsi egli stesso come un dio. Tutti gli obbedivano e non aveva nulla da temere. Se avesse avuto un cuore malleabile, egli avrebbe potuto credere in Dio attraverso la testimonianza delle opere potenti manifestate per mezzo di Mosè, anche se fino a quel momento non lo aveva mai conosciuto.

Ad esempio, Nabucodonosor di Babilonia, che visse dal 605 al 562 ac, non era a conoscenza dell'Eterno, ma, nel testimoniare la potenza di Dio manifestata attraverso i tre amici di Daniele, Shadrac, Meshac e Abed-nego, riconobbe che vi era un solo e unico Dio.

"Nabucodonosor prese a dire: 'Benedetto sia il Dio di Sadrac, di Mesac, e di Abed-Nego, il quale ha mandato il suo angelo e ha liberato i suoi servi che hanno confidato in lui, hanno trasgredito l'ordine del re, hanno esposto i loro corpi per non servire né

adorare alcun altro Dio che il loro. Perciò ordino quanto segue: Chiunque, a qualsiasi popolo, nazione o lingua appartenga, dirà male del Dio di Sadrac, Mesac e Abed-Nego, sia fatto a pezzi e la sua casa ridotta in un letamaio; perché non c'è nessun altro dio che possa salvare in questo modo'" (Daniele 3:28-29).

La storia di Shadrac, Meshac e Abed-nego è quella di tre ragazzi israeliti deportati come prigionieri in un paese di gentili, che per non disobbedire al comando Dio, non si inchinarono davanti a un idolo e per questo furono gettati vivi in una fornace ardente. Non uno solo capello di uno di loro fu danneggiato, ne uscirono incolumi! Nabucodonosor era presente, vide in diretta quello che stava accadendo e riconobbe immediatamente che l'Iddio di questi tre ragazzi era l'Iddio vivente.

In seguito, non solo riconobbe l'Eterno nel testimoniare l'opera di Dio che trascende ogni capacità umana, ma lo glorificò pubblicamente davanti a tutto il suo popolo.

Il Faraone, al contrario, si rifiutò di riconoscere che l'Eterno è Dio, anche dopo aver visto tutte le sue opere potenti. Indurì il suo cuore ancora di più e lasciò che gli israeliti andassero via solo dopo aver sofferto e imposto all'Egitto, non uno o due flagelli, ma tutte e dieci le piaghe!

Dopo averli lasciati andare, dal momento che il suo cuore indurito era sostanzialmente immutato, si pentì e li inseguì con il suo esercito, per finire inghiottito nel Mar Rosso e morire con tutti i suoi soldati.

Gli Israeliti erano sotto la protezione di Dio

Mentre tutto il paese d'Egitto soffriva delle piaghe inflitte da Dio, gli Israeliti, sebbene vivessero nello stesso luogo, ne erano immuni. Questo perché l'Eterno li aveva sempre protetti in modo speciale presso il paese di Gosen, dove vivevano.

Se Dio ci protegge, saremo al sicuro, anche in caso di catastrofi e grandi afflizioni. Anche se abbiamo una malattia o ci troviamo a confrontare aspre difficoltà, possiamo sia essere guariti che superare ogni ostacolo con la forza di Dio.

Non era a motivo della loro fede o del loro essere giusti che gli Israeliti ricevevano speciale protezione, ma perché essi erano il popolo eletto di Dio. A differenza degli egiziani, nelle loro sofferenze avevano cercato l'Eterno e, per averlo riconosciuto come unico Dio, Egli li mise sotto la sua difesa.

Allo stesso modo, sebbene resistano in noi alcune radici di malvagità, per il semplice fatto di essere figli di Dio, saremo protetti dalle calamità che colpiscono in non credenti.

Siamo stati perdonati dei nostri peccati attraverso il sangue di Gesù Cristo, e per questo adesso siamo figli di Dio, non più figli del diavolo, il quale non può rilasciare su di noi prove o disastri.

Inoltre, poiché la nostra fede cresce, nel tempo, rispettiamo il giorno del Signore, ci liberiamo di ogni radice malvagia e obbediamo in tutto alla parola di Dio. Ci apriamo sempre di più a ricevere l'amore di Dio e le sue benedizioni.

> *E ora, Israele, che cosa chiede da te il SIGNORE, il tuo Dio, se non che tu tema il SIGNORE, il tuo Dio, che tu cammini in tutte le sue vie, che tu lo ami e serva il SIGNORE, il tuo Dio, con tutto il tuo cuore e con tutta l'anima tua, che tu osservi per il tuo bene i comandamenti del SIGNORE e le sue leggi che oggi ti do?* (Deuteronomio 10:12-13).

Capitolo 2

Vita di disobbedienza e piaghe

Esodo 7:8-13

Il SIGNORE disse a Mosè e ad Aaronne: "Quando il faraone vi parlerà e vi dirà: 'Fate un prodigio!' tu dirai ad Aaronne: 'Prendi il tuo bastone, gettalo davanti al faraone'; esso diventerà un serpente". Mosè e Aaronne andarono dunque dal faraone e fecero come il SIGNORE aveva ordinato. Aaronne gettò il suo bastone davanti al faraone e davanti ai suoi servitori e quello diventò un serpente. Il Faraone a sua volta chiamò i sapienti e gli incantatori; e i maghi d'Egitto fecero anch'essi la stessa cosa, con le loro arti occulte. Ognuno di essi gettò il suo bastone e i bastoni divennero serpenti; ma il bastone d'Aaronne inghiottì i loro bastoni. E il cuore del faraone si indurì: non diede ascolto a Mosè e ad Aaronne, come il SIGNORE aveva detto.

Karl Marx rifiutò Dio e fondò il comunismo sulla base del materialismo. La sua teoria condusse molti a lasciare la fede, tanto che sembrava che quasi tutto il mondo avrebbe presto adottato il comunismo. Eppure, il comunismo è crollato nel giro di 100 anni.

Marx aveva sofferto di varie cose nella sua vita personale, tra le altre, di un constante stato di insicurezza mentale e la morte precoce dei suoi figli.

Friedrich W. Nietzsche, il filosofo che disse "Dio è morto", influenzò molti suoi contemporanei che scelsero di dargli ragione, ma presto, divenne pazzo e affrontò una tragica fine.

Coloro che si oppongono a Dio e alla sua parola disobbedendogli, soffrono di difficoltà che sono come piaghe e vivono una vita molto misera.

Differenze tra piaghe, difficoltà, prove, e tribolazioni

Sia i credenti sia i non credenti, tutti, si trovano ad affrontare momenti di difficoltà. Questo fa parte del piano della provvidenza di Dio che desidera guadagnarsi dei figli.

Dio ha creato per noi solo cose buone, ma, da quando il male è entrato sulla terra a causa del peccato di Adamo, questo mondo è passato sotto il controllo del diavolo, il nemico, Satana. Da quel momento in poi, la gente ha cominciato a soffrire di varie difficoltà e dolori.

A causa dell'odio, della rabbia, dell'avidità, dell'arroganza, e dell'adulterio di cui gli uomini sono capaci, tutti siamo dei peccatori. In conformità alla gravità del peccato commesso, gli uomini soffrono di difficoltà e prove di diversa intensità, causate dal diavolo, Satana, il nemico.

Quando si trovano ad affrontare situazioni molto difficili, le persone spesso definiscono ciò che gli accade come: disastro. Anche i credenti, quando affrontano momenti difficili, spesso usano termini come 'difficoltà,' 'tribolazioni,' o 'prove'.

"...non solo, ma ci gloriamo anche nelle afflizioni, sapendo che l'afflizione produce pazienza, la pazienza esperienza, e l'esperienza speranza" (Romani 5:3-4).

A seconda della verità in cui un certo individuo vive e della misura di fede di ognuno, i momenti difficili assumono la forma di disastri, piaghe, prove o tribolazioni.

Ad esempio, quando un uomo ha la fede, ma non agisce secondo la Parola che conosce, Dio non può proteggerlo dalla sofferenza o dalle difficoltà. Questo può prendere nome di 'tribolazione'. Inoltre, se egli abbandona la sua fede e agisce in falsità, finirà con il soffrire piaghe o disastri.

Quando una persona ascolta la Parola e cerca di metterla in pratica, inizia un processo in cui non sempre riesce a viverla, inizia la lotta contro la sua natura peccaminosa. Le difficoltà incontrate nel lottare contro la radice peccaminosa fino allo spargimento di sangue, la Bibbia le chiama prove o disciplina.

Le 'prove' diventano quindi l'occasione per verificare quanto la fede di un credente sia cresciuta. Rientra quindi nell'ordine naturale delle cose che un individuo che cerca di seguire e vivere secondo la Parola sia sottoposto a test e prove. Se, invece, una persona si allontana dalla verità e fa infuriare Dio, può arrivare a soffrire di 'tribolazione' o di 'piaghe'.

Cause delle piaghe

Quando una persona commette deliberatamente dei peccati, Dio non può far altro che voltarsi, ritirare il suo volto e il suo sguardo dalla vita di quell'individuo. In questa condizione, il diavolo, Satana, il nemico è in grado di inviare sulla vita di questa persone delle calamità, delle piaghe, in misura pari alla sua disobbedienza alla parola di Dio.

Se non torna indietro, se continua a peccare, anche dopo aver patito piaghe, ne soffrirà ancora, come nel caso delle dieci piaghe d'Egitto. Ma se si pente e torna indietro, le piaghe andranno via presto per la misericordia di Dio.

Le persone soffrono piaghe e calamità a causa della loro malvagità. Possiamo suddividere le persone che soffrono in due gruppi, due tipologie.

Un gruppo si avvicina a Dio e cerca di pentirsi e tornare indietro proprio attraverso le piaghe, l'altro si lamenta davanti a Dio dicendo: "Io frequento la chiesa diligentemente, prego, verso le mie offerte, perché dovrei soffrire così?".

I risultati a cui arriveranno saranno completamente diversi l'uno dall'altro. Nel primo caso, la peste verrà presto estirpata e sostituita dalla misericordia di Dio, nel secondo, non rendendosi nemmeno conto che esiste un problema tra loro e il Signore, piaghe maggiori verranno su di loro.

Maggiore è il male presente nel cuore di un uomo, più difficile sarà per lui di riconoscere la propria colpa e tornare indietro. Tale persona ha un cuore indurito e difficilmente aprirà la porta del suo cuore, anche dopo aver ascoltato il Vangelo. Anche se è conoscenza della fede, non riuscirà a comprendere la parola di Dio, magari frequenta anche la chiesa, ma non cambia.

Pertanto, se si è affetti da una pestilenza, si dovrebbe capire che forse abbiamo fatto qualcosa di sconveniente agli occhi di Dio, e rapidamente, occorre allontanarci dai nostri errori. Solo così allontaneremo anche la peste.

Dio dona delle possibilità

Il Faraone respinse sistematicamente la parola di Dio che gli fu consegnata per mezzo di Mosè. Non cambiò atteggiamento neanche dopo aver visto delle piaghe (minori) inflitte alla sua gente, e per questo, ne soffrì delle maggiori. Perpetuando nella disobbedienza rese il suo paese troppo debole per essere in grado di recuperare e alla fine morì tragicamente. Ah, quale stoltezza!

Dopo questo, Mosè e Aaronne andarono dal

faraone e gli dissero: "Così dice il SIGNORE, il Dio d'Israele: 'Lascia andare il mio popolo, perché mi celebri una festa nel deserto'" (Esodo 5:1).

Quando Mosè chiese al Faraone di lasciare andare gli Israeliti, lui rifiutò immediatamente.

Ma il faraone rispose: "Chi è il SIGNORE che io debba ubbidire alla sua voce e lasciare andare Israele? Io non conosco il SIGNORE e non lascerò affatto andare Israele" (Esodo 5:2).

Essi dissero: "Il Dio degli Ebrei si è presentato a noi; lasciaci andare per tre giornate di cammino nel deserto, per offrire sacrifici al SIGNORE, nostro Dio, affinché egli non ci colpisca con la peste o con la spada" (Esodo 5:3).

Dopo aver ascoltato la parola di Mosè e Aronne, il faraone accusò irragionevolmente il popolo di Israele di essere pigro, ed escogitò qualcosa di crudele, che rendesse il loro lavoro ancora più duro. Agli Israeliti, che erano gli schiavi addetti alle costruzioni, veniva fornita la paglia per assemblare i mattoni, ma, da quel momento in poi, fu loro imposta una eguale produzione di mattoni, senza però la fornitura della paglia. Dovevano procurarsela autonomamente! Fu un momento difficilissimo, che rispecchiava la vera essenza del cuore duro del Faraone.

A motivo del lavoro che adesso era molto più pesante, Israele iniziò a lamentarsi contro Mosè. Così, Dio mando nuovamente Mosè dal Faraone, per mostrargli dei segni, per offrirgli la possibilità di pentirsi, mostrandogli la Sua potenza.

Mosè e Aaronne andarono dunque dal faraone e fecero come il SIGNORE aveva ordinato. Aaronne gettò il suo bastone davanti al faraone e davanti ai suoi servitori e quello diventò un serpente (Esodo 7:10).

Fu così, che attraverso Mosè, Dio trasformò un bastone di legno in un serpente, perché il faraone credesse nel Dio che non aveva conosciuto.

Nella simbologia spirituale il 'serpente' rappresenta Satana. E dunque, perché Dio ha trasformato il bastone di Mosè in un serpente?

Il terreno su cui Mosè camminava, come il bastone che usava, appartenevano a questo mondo, e, questo mondo appartiene al diavolo, il nemico, Satana. Per simboleggiare questo Dio fece apparire un serpente, come a dire che coloro con non sono giusti agli occhi di Dio vivono accettando le opere di Satana.

Faraone decise di sfidare Dio, e per questo l'Eterno non lo benedisse, per questo apparve un serpente, che rappresentava Satana. Come a prefigurare che da lì in poi ci sarebbero state opere di Satana. Infatti, le piaghe che da lì a breve avrebbero colpito l'Egitto, come il sangue, le rane, e i moscerini, erano tutte opere di Satana. Pertanto, un bastone che si trasforma in un serpente è un'azione minuscola, che raffigura a livello quasi impercettibile quello che sta per accadere. Un uomo sensibile è comunque in grado di percepire, di sentire, che qualcosa sta arrivando. Spesso, chi percepisce le cose che accadono gli attribuisce il valore di strane coincidenze. Questa è una fase in cui non vi è alcun danno reale. E' davvero la possibilità che Dio dona all'uomo ribelle per condurlo al pentimento.

Faraone risponde con i maghi d'Egitto

Quando Faraone vide il bastone d'Aronne trasformarsi in un serpente, convocò immediatamente tutti i sapienti e gli stregoni d'Egitto.

Erano i maghi del palazzo, capaci di stupire il re con i loro trucchi di magia, illusionisti da intrattenimento, uomini che erano avevano conquistato la loro posizione politica di funzionari esclusivamente attraverso la magia. Eredi di antenati con le stesse capacità, erano molto ferrati nelle loro arti magiche proprio perché di origini lontane nel tempo.

Oggi capita di vedere alcuni maghi passare attraverso la Muraglia Cinese sotto gli occhi di migliaia di persone, o vediamo in tv maghi che fanno scomparire la Statua della Libertà. Alcuni altri, attraverso anni di Yoga, riescono a concentrarsi e dormire su un ramo sottile, o a rimanere fermi in un secchio per molti giorni.

Queste azioni incredibili sono solo inganni degli occhi, opere di illusionismo, e, anche se non sono vere e proprie arti magiche, richiedono lungo studio e concentrazione. Nulla a che vedere con la potenza che dovevano mettere in atto gli stregoni che esercitavano la magia (vera) da generazioni nella casa del Faraone! In particolare, nel loro caso, avevano sviluppato queste capacità grazie al contatto e alla confidenza che mantenevano con gli spiriti maligni.

Ci sono delle streghe in Corea che hanno contatti con i demoni, e che per mostrare il loro potere ballano su lame taglienti (come le lame per tagliare l'erba) e non si fanno alcun male. Gli stregoni del Faraone avevano sviluppato dei contatti molti intensi con gli spiriti maligni, tanto che erano in grado di mettere in mostra cose incredibili.

Gli stregoni in Egitto venivano sottoposti a una formazione lunga e meticolosa, e, attraverso l'illusione e l'inganno, anche loro riuscirono a trasformare dei bastoni in serpenti.

Coloro che non riconoscono l'Iddio vivente

Quando Mosè trasformò il bastone e ne fece un serpente, Faraone, per un attimo, considerò che davvero il Dio di Israele era l'Iddio vivente. Ma, dopo aver visto i suoi stregoni fare la stessa cosa, tornò a essere l'incredulo di sempre.

Così, anche dopo che i serpenti creati dagli stregoni furono mangiati dal serpente creato dal bastone di Aronne, continuò nella sua incredulità, classificando questo evento come semplice coincidenza.

Nel mondo della fede le coincidenze non esistono. Nella vita di un nuovo credente che ha appena accettato il Signore, Satana farà di tutto per disturbarlo e distoglierlo, in modo che smetta di credere in Dio. Uno dei metodi più efficaci, è proprio far credere alle persone che le cose che gli accadono siano puro frutto di coincidenze.

Spesso capita ai nuovi credenti di ricevere le soluzioni ai loro problemi con l'aiuto di Dio. In un primo momento riconoscono il potere divino, ma con il passare del tempo, se permettono ai pensieri suggeriti da Satana di annidarsi nella loro mente, finiscono con il credere che, invece di soluzioni divine, si è trattato solo di coincidenze.

Proprio come il faraone che aveva visto Dio all'opera trasformare un bastone in un serpente, ma si rifiutò di riconoscerlo, ci sono persone che non riconoscono l'Iddio vivente nonostante le opere che Egli compie nella loro vita, riducendo il tutto a semplici coincidenze.

Alcuni credono in Dio da subito. Sono consapevoli che è Lui a operare nella loro esistenza. Alcuni altri, riconoscono che Egli sta operando nella loro vita, ma in seguito, dopo che ad esempio, i loro problemi annosi sono stati risolti, si convincono che è grazie alle loro capacità, competenze, esperienze, o con l'aiuto dei vicini, e invece di ringraziarlo per quello che ha fatto, considerano tutto una coincidenza.

A questo punto, a Dio rimane solo di voltarsi, di non posare più su di loro il suo sguardo e, di conseguenza, il problema che una volta si era risolto può riproporsi.

In caso di guarigione da una malattia, questa può ripresentarsi e anche diventare più grave. In caso di problemi in ambito professionale, possono ripresentarsi e aumentare rispetto a prima.

Quando consideriamo la risposta di Dio come semplice coincidenza, di certo inizieremo ad allontanarci di Lui, correndo il rischio di vedere ritornare gli stessi problemi o addirittura di ricadere in situazioni ancora più difficili.

Così come Faraone che considerò come una coincidenza, le opere di Dio, e iniziò a a soffrire una piaga dopo l'altra.

E il cuore del faraone si indurì: non diede ascolto a Mosè e ad Aaronne, come il SIGNORE aveva detto (Esodo 7:13).

Capitolo 3

Sangue, rane, e moscerini

Esodo 7:20-8:19

Mosè e Aaronne fecero come il SIGNORE aveva ordinato. Ed egli alzò il bastone e percosse le acque che erano nel Fiume sotto gli occhi del faraone e sotto gli occhi dei suoi servitori; e tutte le acque che erano nel Fiume furono cambiate in sangue (Esodo 7:20).

Il SIGNORE disse a Mosè: "Di' ad Aaronne: 'Stendi la tua mano con il bastone sui fiumi, sui canali, sugli stagni e fa' salire le rane sul paese d'Egitto'". Allora Aaronne stese la sua mano sulle acque d'Egitto e le rane salirono e coprirono il paese d'Egitto (Esodo 8:5-6).

Allora il Signore disse a Mosè: "Di 'ad Aaronne'. Stendi la tua personale e percuoti la polvere della terra, che può diventare zanzare attraverso tutte le terre d'Egitto la Hanno fatto così, e Aronne stese la mano con il suo staff, e colpì la polvere della terra, e c'erano zanzare sugli uomini e sugli animali. Tutta la polvere della terra diventò zanzare per tutto il paese d'Egitto (Esodo 8:16-17).

Allora i maghi dissero al faraone: "Questo è il dito di Dio". Ma il cuore del faraone si indurì e non diede ascolto a Mosè e ad Aaronne, come il SIGNORE aveva detto (Esodo 8:19).

Dio anticipò a Mosè che il cuore del faraone si sarebbe indurito, e che si sarebbe rifiutato di lasciar partire gli Israeliti, anche dopo aver visto il bastone trasformarsi in serpente. Dunque, Dio disse a Mosè esattamente che cosa fare.

> *Va' dal faraone domani mattina; ecco, egli uscirà per andare verso l'acqua; tu, aspettalo sulla riva del Fiume, prendi in mano il bastone che è stato mutato in serpente* (Esodo 7:15).

Così, Mosè incontrò il faraone mentre camminava lungo il Nilo, gli riferì parola di Dio tenendo in mano il suo bastone come l'Eterno gli aveva ordinato.

> *E digli: "Il SIGNORE, il Dio degli Ebrei, mi ha mandato da te per dirti: Lascia andare il mio popolo perché mi serva nel deserto; ecco, fino ad ora tu non hai ubbidito. Così dice il SIGNORE: Da questo saprai che io sono il SIGNORE; ecco, io percoterò col bastone che ho in mano le acque che sono nel Fiume, ed esse saranno cambiate in sangue. I pesci che sono nel Fiume moriranno, il Fiume sarà inquinato e gli Egiziani non potranno più bere l'acqua del Fiume"* (Esodo 7:16-18).

La piaga del sangue

L'acqua è uno degli elementi naturali più vicini a noi, direttamente correlata con la nostra vita, infatti, essendo il settanta per cento del corpo umano costituito da acqua, essa è assolutamente essenziale all'esistenza degli esseri viventi.

Oggi, a causa sia della popolazione mondiale in crescita sia dello sviluppo economico selvaggio, molti paesi soffrono di mancanza di acqua. L'ONU ogni anno celebra la 'Giornata Mondiale dell'Acqua' proprio per ricordare a tutte le nazioni l'importanza dell'acqua e per incoraggiare i cittadini a fare un uso efficiente delle risorse idriche, che sono limitate.

Nell'antica Cina esisteva addirittura un ministro addetto al controllo idrico. Siamo circondati da acqua un po' dappertutto, ciononostante, non riusciamo a comprenderne l'importanza che ricopre per la nostra esistenza.

Ora, immaginate, tutta l'acqua d'Egitto che improvvisamente si trasforma in sangue! Il Nilo trasformato in sangue! Il Faraone e gli egiziani furono testimoni di qualcosa di tremendo.

Eppure, il faraone indurì il suo cuore e non ascoltò la parola di Dio, perché sosteneva di aver visto anche i suoi stregoni trasformare l'acqua in sangue.

Mosè gli mostrò il Dio vivente ma il faraone considerò questi eventi pure coincidenze, tanto che, nella misura del male del suo cuore egli fu colpito da piaga dopo piaga.

Mosè e Aronne fecero come il Signore aveva ordinato.

Davanti gli occhi del faraone e quelli dei suoi servi, Mosè alzò il bastone e colpì l'acqua del Nilo, e tutta l'acqua che era nel Nilo fu trasformata in sangue.

Per ottenere dell'acqua potabilegli egiziani dovettero scavare intorno al Nilo. Questa fu la prima piaga.

Significato spirituale della piaga della peste di quella del sangue

Ora, qual è il significato spirituale contenuto nella piaga del sangue?

L'Egitto è praticamente circondato e composto quasi interamente da deserto. Pertanto, la mancanza di acqua fu una vera sofferenza per il faraone e il suo popolo.

Non solo l'acqua potabile, ma anche quella per usi sanitari e giornalieri era diventata cattiva, ma anche tutto il pesce presente nelle acque era morto. Oltre a non avere acqua e non avere del pescato, di sicuro, anche l'odore doveva essere insopportabile. Il disagio fu grande.

In questo senso, la peste di sangue si riferisce spiritualmente alle sofferenze causate da cose che sono direttamente collegate alla nostra vita quotidiana. Quelle più irritanti e dolorose, provenienti dalle persone intorno a noi, da quelle più vicine, come i membri della famiglia, gli amici e i colleghi.

Per quanto riguarda la nostra vita cristiana, questa piaga può essere qualcosa di simile alle persecuzioni o alle prove causate dai nostri amici più cari, genitori, parenti o vicini di casa. Naturalmente, quelli con maggior misura di fede le supereranno più facilmente, mentre quelli con poca fede subiranno grande dolore a causa delle persecuzioni e delle prove.

Prove che colpiscono persone malvagie

Possiamo suddividere le prove in due categorie.

Il primo tipo è quella che arriva quando non viviamo secondo la parola di Dio: se ci pentiamo e ci convertiamo rapidamente dalle nostre vie malvagie, Dio ritirerà la prova.

Giacomo 1:13-14 dice: *"Nessuno, quand'è tentato, dica: 'Sono tentato da Dio'; perché Dio non può essere tentato dal male, ed egli stesso non tenta nessuno; invece ognuno è tentato dalla propria concupiscenza che lo attrae e lo seduce"*.

Il motivo per cui ci troviamo ad affrontare le difficoltà è perché siamo attratti dai nostri desideri malvagi e non viviamo secondo la parola di Dio, situazione in cui il diavolo, il nemico, può lanciare delle prove su di noi.

Il secondo tipo di prove che potremmo incontrare sono quelle che attraversiamo quando cerchiamo di essere fedeli e di vivere la nostra vita cristiana al meglio. Sono tentativi di disturbo da parte di Satana, che cerca di farci abbandonare la nostra fede.

Se ci compromettiamo in questo caso, le difficoltà saranno

maggiori e non saremo in grado di ricevere benedizioni. Alcuni, in questa situazione, perdono la poca fede che avevano e ritornano al mondo.

In ogni caso, in entrambe le circostanze, la causa di queste prove è la radice di malvagità che ancora è presente nel nostro cuore. Quindi, se estirpiamo diligentemente il male che vive in noi, pregando con fede e rendendo grazie a Dio, le prove si allontaneranno e noi le supereremo.

Proprio come il serpente di Mosè inghiottì i serpenti degli stregoni di Faraone, anche il mondo di Satana è sotto il controllo di Dio. Quando Dio chiamò Mosè, gli mostrò come segno la trasformazione del suo bastone da bastone a serpente in bastone nuovamente (Esodo 4:4). Quest'azione è simbolica e ci parla di come, qualora una prova verrà su di noi attraverso le opere di Satana, se dimostriamo la nostra fede affidandoci a Dio completamente, Egli riporterà tutto alla normalità.

Al contrario, se ci compromettiamo, non dimostriamo alcuna fede, e non possiamo vivere le opere di Dio. Se ci troviamo di fronte a una prova, dobbiamo fare affidamento su Dio completamente e vederlo agire, fino a che non porterà via da noi la prova via con la sua potenza.

Tutto è sotto il controllo di Dio. Così, sia che la nostra prova sia piccola o grande, se ci affidiamo a Lui completamente e obbediamo alla Parola, le prove non ci toccheranno, perché sarà Lui stesso a risolvere le situazioni e a riportarci in uno stato completo di prosperità.

La cosa fondamentale in questi casi è che, se, stiamo subendo una prova di minore entità, il recupero sarà semplice, ma, nel caso di una piaga importante, non sarà facile recuperare completamente. Ecco perché è fondamentale confrontarci e vivere ogni giorno con la parola della verità, estirpando ogni forma di male, in modo da non dover mai affrontare alcuna prova.

Le prove permesse agli uomini di fede hanno come scopo finale la benedizione

A volte, ci sono casi eccezionali. Anche quelli con grande fede possono incontrare prove. L'apostolo Paolo, Abramo, Geremia, Daniele e i suoi tre amici, tutti hanno passato delle prove. Anche Gesù è stato tentato dal diavolo tre volte.

Ciononostante, le prove che arrivano a coloro che hanno fede, hanno come scopo finale, delle benedizioni. Rimanendo fermi nella gioia, ringraziando e facendo affidamento su Dio completamente, le prove si trasformeranno in benedizioni e a Lui andrà tutta la gloria.

Quindi, è possibile che credenti ripieni di fede incontrino prove perché superarle è la strada per ottenere benedizioni. Il credente fedele, in ogni caso, non dovrà mai superare una piaga, perché queste colpiscono le persone che commettono gravi errori al cospetto di Dio.

Ad esempio, l'apostolo Paolo soffrì molte persecuzioni per il Signore, ma fu proprio attraverso di queste che ricevette la grande potenza che gli fu fondamentale nell'evangelizzazione dell'Impero Romano, tanto da passare alla storia come l'apostolo dei gentili.

Daniele non si compromise con i progetti dei malvagi, e per questo fu oggetto delle loro gelosie. Non smise di pregare, camminò rettamente, e fu gettato nella fossa dei leoni, dove non subì alcun danno. Dopo di questo rese onore e gloria a Dio.

Geremia, nel vedere il suo popolo sprofondare nel peccato, fece cordoglio e pianse pubblicamente, avvertendoli delle loro vie malvagie. Per questo fu picchiato e incarcerato, deportato come esule quando Gerusalemme fu conquistata da Nabucodonosor di Babilonia, e laddove tutti intorno a lui morivano o stavano male, Geremia si salvò ed entrò nelle grazie del re.

Con la fede, Abramo superò la prova di offrire suo figlio, Isacco, in modo che potesse essere chiamato amico di Dio. Ricevette tali grandi benedizioni – nello spirito e nel corpo – che anche il re di una nazione lo accolse con tutti gli onori.

Come già spiegato, nella maggior parte dei casi, le prove arrivano sulla nostra vita a causa del male che ancora abbiamo dentro, anche se, esistono casi eccezionali in cui agli uomini di Dio viene provata la loro fede, e il risultato di queste prove è la benedizione.

La piaga delle rane

Passati sette giorni dal momento in cui il Nilo fu trasformato in sangue, il cuore del Faraone era ancora più duro, e dal momento che anche i suoi stregoni riuscirono nell'intento di trasformare l'acqua in sangue, si rifiutò di lasciar partire il popolo d'Israele.

In qualità di sovrano, il faraone dovette curare il disagio del suo popolo, fortemente provato dalla mancanza d'acqua, ciononostante, il suo cuore era così indurito che l'Egitto fu colpito da una seconda piaga.

Il Fiume brulicherà di rane, che saliranno ed entreranno nella tua casa, nella camera dove dormi, sul tuo letto, nelle case dei tuoi servitori, in mezzo al tuo popolo, nei tuoi forni e nelle tue madie. Le rane saliranno contro di te, contro il tuo popolo e contro tutti i tuoi servitori (Esodo 8:3-4).

Come Dio disse a Mosè, quando Aronne stese la mano allungando il suo bastone sulle acque d'Egitto, un numero imprecisato di rane cominciò a coprire il paese. Poi, di lì a poco, anche i maghi del Faraone fecero lo stesso con le loro arti segrete.

Tranne che in Antartide, ci sono più di 400 differenti tipi di rane mondo. Le loro dimensioni variano da 2,5 cm a 30 cm.

Ci sono paesi in cui le rane vengono anche mangiate, ma

di solito la gente prova notevole disgusto alla loro vista, anche perché, hanno occhi sporgenti, non hanno la coda, le zampe posteriori sono palmate e la loro pelle è sempre umida. Tutte queste cose contribuiscono a una sensazione sgradevole alla loro vista.

Immaginate, quindi, non due o tre, ma un tappeto di rane che coprì l'intero paese! Saltavano sul tavolo da pranzo, per le camere, sui letti. Se vi foste trovati in Egitto in quel periodo, non avreste nemmeno potuto immaginare di fare un pasto normale o di dormire serenamente.

Significato spirituale della piaga delle rane

Ma, qual è il significato spirituale contenuto nella piaga delle rane?

In Apocalisse 16:13 viene utilizzata un'espressione, *"tre spiriti immondi simili a rane"*. Le rane sono uno tra gli animali immondi, e, spiritualmente simboleggiano Satana.

Le rane che invadono il palazzo del re, le abitazioni dei ministri e quelle della gente comune, sono il chiaro segnale che questa piaga fu inflitta su tutti nello stesso modo, a prescindere dalla loro posizione sociale.

Inoltre, le rane che vanno fino sui letti significava che ci sarebbero stati problemi tra i mariti e le mogli.

Ad esempio, supponiamo che la moglie sia una credente, e che suo marito non lo sia e abbia una relazione extraconiugale. Se lei lo scoprirà, lui potrebbe giustifacrsi dicendo "Ma è colpa tua, frequenti la chiesa tutto il tempo!".

Se la moglie crede al marito, e cioè crede al fatto che sia colpa della chiesa se ora hanno problemi personali, e inizia ad allontanarsi da Dio, allora questo è un problema causato dal "Satana in camera da letto".

Le persone che affrontano questo tipo di piaga non hanno debellato dentro di loro alcune forme di malvagità. Sembra che stiano vivendo una vita di fede perfetta, ma quando devono fronteggiare delle prove, il loro cuore è scosso tanto che la loro fede e la loro speranza per il cielo scompaiono, tanto che la paura di guardare la realtà della situazione prende il posto di gioia e pace.

Ma, se attaccati da una prova, mantengono salda la speranza per il cielo e la fede nell'amore che Dio ha per loro, in pratica se la loro è una vera fede, non soffriranno a causa delle difficoltà. Essi supereranno le prove e di contro inizieranno a ricevere benedizioni.

Le rane invasero forni e madie. Le madie sono il simbolo del nostro pane quotidiano, e il forno è il nostro lavoro o gli affari. Nel complesso significa che Satana lavora nelle famiglie delle persone, nei luoghi di lavoro, negli affari, nelle faccende quotidiane – come i pasti – in modo che l'individuo sia messo in situazioni difficili e stressanti.

In questo tipo di situazioni, alcuni non superano il pensiero

Sangue, rane, e moscerini · 43

che tipicamente attacca chi è messo alla prova, e cioè, credere che queste difficoltà siano causate della fede in Gesù, e per questo, poi, tornano al mondo, allontanandosi così dalla via della salvezza e della vita eterna.

Però, se riconoscono che sono la mancanza di fede e la radice malvagia ancora presente nel loro cuore le cause delle prove che li affliggono, Dio li aiuterà a superare ogni difficoltà.

Se abbiamo veramente fede, nessuna prova o pestilenza sarà un problema per noi. Affronteremo ogni difficoltà rallegrandoci, rendendo grazie, costantemente in preghiera, certi che tutti i nostri problemi saranno risolti.

> *Allora il faraone chiamò Mosè e Aaronne e disse loro: "Pregate il SIGNORE perché allontani le rane da me e dal mio popolo e io lascerò andare il popolo, perché offra sacrifici al SIGNORE"* (Esodo 8:8).

Faraone chiese a Mosè e Aronne di far in modo che le rane sparissero. E infatti, dopo la preghiera di Mosè, le rane morirono immediatamente, nelle case, nei tribunali e nei campi.

La gente le ammucchiò in cumuli tra i rifiuti. Non appena il faraone si rese conto che il pericolo era scampato, cambiò idea e non tenne fede alla sua promessa.

> *Ma quando il faraone vide che c'era un po' di respiro si ostinò in cuor suo e non diede ascolto a Mosè e ad Aaronne, come il SIGNORE aveva detto*

(Esodo 8:15).

Anche dopo aver visto una serie di opere di Dio, il faraone decise di non ascoltare Mosè, e, come risultato, un'altra piaga fu inflitta all'Egitto.

La piaga degli insetti

Dio disse a Mosè in Esodo 8:16: *"Di' ad Aaronne: 'Stendi il tuo bastone, percuoti la polvere della terra ed essa diventerà zanzare per tutto il paese d'Egitto'"*.

Quando Mosè e Aronne fecero ciò che era stato loro detto, la polvere della terra diventò zanzare per tutto il paese d'Egitto.

I maghi provarono a riprodurre anche questo prodigio con le loro arti occulte, ma, non riuscirono e, dopo essersi resi conto che non poteva essere un atto umano, lo dissero al re.

Questo è il dito di Dio (Esodo 8:19).

Fino a questo momento i maghi d'Egitto erano riusciti a replicare i prodigi mostrati da Mosè, come cambiare un bastone in un serpente, l'acqua in sangue, e facendo apparire delle rane.

Ma il loro potere ora era finito, e dovettero riconoscere la potenza di Dio manifestata per mezzo di Mosè. Cionostante, ancora, il faraone indurì il suo cuore e non ascoltò Mosè.

Il significato spirituale della piaga degli insetti

Il termine ebraico 'Kinim' è la parola qui utilizzata per descrivere questa piaga e viene tradotto nelle nostre Bibbie in 'pidocchi, pulci, zanzare', in sostanza i piccoli insetti che vivono in luoghi impuri. Quelli che si attaccano al corpo dell'uomo o degli animali e ne succhiano il sangue, che si annidano di solito tra i capelli, i vestiti, o il manto degli animali. Si calcola che al mondo ne esistano oltre 3.300 diverse specie.

Quando una zanzara succhia sangue dal corpo umano noi percepiamo un prurito, che se mal trattato può causare infezioni secondarie come la febbre ricorrente o il tifo.

Le nostre città adesso sono pulite e la presenza di questi animali ormai è irrisoria rispetto al passato. Oggi, infatti, se un uomo si ritrova a combattere con questi fastidi è unicamente a causa della sua scarsa igiene.

Quale significato assume per noi la piaga delle zanzare?

La polvere della terra fu trasformata in insetti. La polvere è di una consistenza insignificante, così minuscola che la spostiamo respirando. Le dimensioni di un granello di polvere variano da 3-4 (micrometri) a 0,5 mm.

Proprio come una cosa insignificante come la polvere che si trasforma in calamità quali zanzare a sciami in grado di succhiarti il sangue, creare difficoltà e infliggere sofferenza, la piaga delle zanzare simboleggia i casi in cui le piccole cose, quelle che non consideriamo importanti, possono improvvisamente trasformarsi in grossi problemi e darci sofferenze e dolore.

Solitamente, il prurito è considerato un fastidio minore, soprattutto rispetto ai veri dolori causati da malattie serie, ciononostante è molto irritante. Considerate anche l'altro parallelo: questo tipo di insetti vivono in luoghi impuri, sporchi, e quando arrivano e si posizionano in un luogo è perché ci si trovano a loro agio, vale a dire, scelgono di restare in punti sporchi e malsani.

Ad esempio, quelli che possono iniziare come innocue discussioni tra fratelli o tra marito e moglie poi si sviluppano in litigi e diventano battaglie familiari epiche. In questo caso, siamo di fronte alla piaga degli insetti.

Quando tali forme di male, come l'invidia e la gelosia, crescono nel cuore fino a diventare odio, quando non si riesce a tenere a bada il proprio temperamento e ci si adira con qualcuno, quando per coprire una piccola bugia iniziate a raccontare menzogne sempre più grosse, sono tutti esempi raffigurativi della piaga degli insetti.

Se c'è una forma latente di malvagità nel cuore, la persona inizia a sentirsi afflitta, inizia a pensare che la vita cristiana è difficile. Poi, magari, viene colta da una malattia minore o un fastidio fisico. Anche queste cose sono la piaga dei moscerini. Se vi coglie una febbre improvvisa o un raffreddore fuori stagione, esaminate se avete causato piccole liti o piccoli problemi, e, se è così, pentitevi immediatamente.

E le zanzare che colpivano gli animali? Cosa significano? Gli animali, innanzi tutto, sono esseri viventi, ma soprattutto in quel periodo storico, rappresentavano, insieme ai latifondi, la misura della ricchezza di un uomo. Il re, i ministri, la gente più ricca della società, quindi, possedeva molti vigneti e un gran numero di capi di bestiame.

Nella società di oggi, quali sono le cose che determinano lo status di un uomo? Le proprietà immobiliari, certo, i terreni, le attività commerciali, la nostra posizione nel lavoro, ma anche i membri della famiglia appartengono alla categoria dei nostri "beni". E poiché gli animali sono esseri viventi, in questo passaggio è chiaro il parallelismo con i membri della famiglia, coloro che vivono insieme.

"Insetti su uomini e animali" significa che i problemi inflitti da questa calamità (difficoltà nate da elementi irrilevanti), possono colpire sia noi sia i membri della nostra famiglia.

Un esempio tipico di questi casi è quando i figli piccoli soffrono a causa delle malefatte dei loro genitori, o il marito soffre a causa delle colpe di sua moglie.

In Corea, molti bambini sono affetti da dermatite topica. L'evoluzione della malattia è sempre la stessa: un po' di prurito in una sola zona che ben presto si diffonde in tutto il corpo fino a provocare bolle sulla pelle che si lacerano e da cui viene scaricata materia.

Nei casi più gravi, la pelle dei bambini si lacera dalla testa ai piedi, ricoprendosi di pus e sangue.

Questa vista fa impazzire i genitori che non possono fare nulla di fronte la condizione disperata dei loro figli.

Spesso capita che a fronte di litigi tra genitori, ai figli sopraggiunga una febbre improvvisa. In molti casi, le malattie dei bambini piccoli sono causati dalle malefatte dei loro genitori.

In questa situazione, se i genitori esaminano la propria vita e si pentono di tutto ciò che non è giusto agli occhi di Dio, i bambini guariscono quasi immediatamente.

L'amore di Dio permette che queste cose accadano. La piaga degli insetti ci colpisce quando nel nostro cuore è presente ancora della malvagità. Sta a noi non considerare le piccole cose che ci accadono come coincidenze, e a scoprire ed estirpare il male che ancora vive nel nostro cuore e pentirci.

Capitolo 4

Mosche, peste e bolle

Esodo 8:21-9:11

Il SIGNORE fece così: vennero grandi sciami di mosche velenose in casa del faraone, nelle case dei suoi servitori e in tutto il paese d'Egitto. La terra fu devastata dalle mosche velenose (Esodo 8:24).

Ecco la mano del SIGNORE sarà sul tuo bestiame che è nei campi, sui cavalli, sugli asini, sui cammelli, sui buoi e sulle pecore; ci sarà una tremenda mortalità. Però il SIGNORE farà distinzione tra il bestiame d'Israele e il bestiame d'Egitto; nulla morirà di tutto quello che appartiene ai figli d'Israele. Il SIGNORE fissò un termine, dicendo: 'Domani il SIGNORE farà questo nel paese'. L'indomani il SIGNORE lo fece e tutto il bestiame d'Egitto morì; ma del bestiame dei figli d'Israele non morì neppure un capo (Esodo 9:3-6).

Essi presero dunque della fuliggine di fornace e si presentarono al faraone; Mosè la gettò verso il cielo ed essa produsse ulceri che si trasformarono in pustole sulle persone e sugli animali. I maghi non poterono presentarsi davanti a Mosè, a causa delle ulceri, perché le ulceri erano sui maghi come su tutti gli Egiziani (Esodo 9:10-11).

Dopo aver visto la peste e gli insetti, anche i maghi egiziani riconobbero il potere di Dio. Faraone, malgrado ciò, continuò a indurire il suo cuore e non ascoltò Mosè. La potenza di Dio che era stata manifestata fino a quel momento era un chiaro monito, egli avrebbe dovuto credere in Dio, ma credendosi egli stesso una divinità, voleva solo imporre la sua sua forza e la sua autorità.

Le piaghe continuarono, ma gli egiziani non volevano pentirsi e, soprattutto lui, indurì il suo cuore, ancora di più. Così, le piaghe divennero più virulente, tanto che arrivarono la peste e le mosche. Il Faraone stava raggiungendo il punto del non ritorno.

Piaga delle mosche

Mosè andò dal Faraone la mattina presto e ancora una volta gli portò il messaggio di Dio.

Poi il SIGNORE disse a Mosè: "Àlzati di buon mattino e presèntati al faraone. Egli uscirà per andare verso l'acqua. Tu gli dirai: 'Così dice il SIGNORE: Lascia andare il mio popolo, perché mi serva'" (Esodo 8:20).

Tuttavia, il faraone non ascoltò Mosè e questo causò la piaga delle mosche sull'Egitto, non solo nel palazzo del faraone e nelle case dei ministri, ma in tutto il paese. Tutta la terra era pieno di mosche.

Le mosche sono insetti molto dannosi, sono portatori di malattie terribili come il tifo, il colera, la tubercolosi e la lebbra. Non solo, le mosche si riproducono dappertutto, anche sugli escrementi del corpo e sulla spazzatura, mangiano qualsiasi rifiuto, la loro digestione è veloce e i rifiuti vengono espulsi ogni cinque minuti.

Le mosche, le cui zampe sono coperte da liquidi che trasportano organismi patogeni, depositano questi batteri dannosi sui prodotti alimentari o sugli utensili, che, entrando in contatto con il corpo umano, sono una delle principali causa di malattie contagiose.

Le misure di prevenzione e di cura oggi sono molto efficaci tanto è vero che le malattie trasmesse dalle mosche ormai sono relativamente poche. Molto tempo fa, però, le malattie contagiose erano molto pericolose, in quanto mietevano molte vittime.

Ora immaginate, non una o due mosche ma sciami infiniti che ricoprirono tutto il paese d'Egitto. Che dolore e che paura osservare questa scena!

Il fatto che l'Egitto intero fu colpito da questa piaga significava che la ribellione contro Dio non era solo del Faraone ma anche di tutti gli egiziani.

Non solo, le mosche non colpirono il paese di Gosen, dove gli Israeliti vivevano.

Il Faraone chiamò Mosè e Aaronne e disse: "Andate,

offrite sacrifici al vostro Dio nel paese" (Esodo 8:25).

Mosè, che aveva ricevuto da Dio il comando di preparare un sacrificio nel deserto, si rifiutò di ascoltare il faraone a questo proposito, ed ecco perché:

> *Non si può far così; perché offriremmo al SIGNORE, al nostro Dio, dei sacrifici che sono un abominio per gli Egiziani. Ecco, se offrissimo sotto i loro occhi dei sacrifici che sono un abominio per gli Egiziani, essi ci lapiderebbero!* (Esodo 8:26).

Mosè perseguì nell'affermare che sarebbero andati nel deserto per tre giorni perché quello era il comando di Dio. Faraone infine acconsentì e gli disse di non andare troppo lontano e di pregare anche per lui.

Mosè promise al Faraone che a motivo di questo le mosche sarebbero scomparse il giorno dopo, se avesse mantenuto la sua parola.

Mosè pregò, le mosche sparirono, ma di tutta risposta, il faraone cambiò idea e non mantenne la sua parola. Da queste azioni siamo in grado di capire come e quanto fosse astuto e fraudolento, ma anche il perché continuasse a essere colpito dalle piaghe.

Significato spirituale della piaga delle mosche

Proprio come le mosche provengono da luoghi immondi e trasmettono malattie contagiose, se il cuore di un uomo è cattivo e impuro, le parole che produce sono malevole e causano che malattie o problemi a vengano su di lui. Questa è la piaga delle mosche.

Questo tipo di peste, purtroppo, non investe solo la propria persona, ma anche il proprio coniuge e/o il luogo di lavoro.

Matteo 15:18-19 dice: *"Ma ciò che esce dalla bocca viene dal cuore, ed è quello che contamina l'uomo. Poiché dal cuore vengono pensieri malvagi, omicidi, adultèri, fornicazioni, furti, false testimonianze, diffamazioni".*

Qualsiasi cosa sia presente nel cuore degli uomini esce attraverso le labbra. Se una persona ha un buon cuore, da lei usciranno parole buone, ma da un cuore impuro verranno solo fuori parole impure. Se in noi sono presenti falsità, astuzia, odio e rabbia, da noi usciranno parole e azioni che li rispecchieranno.

Diffamazione, giudizio, condanna e maledizione sono tutti frutti prodotti da un cuore malvagio e impuro. Questo è il motivo per cui Matteo 15:11 dice: *"Non quello che entra nella bocca contamina l'uomo; ma è quello che esce dalla bocca, che contamina l'uomo!"*

Anche i miscredenti dicono cose come: "Le parole sono come semi" o "una volta versata, l'acqua non può essere vripresa", perché è chiaro che non si può cancellare ciò che si è detto.

Soprattutto nella vita di un cristiano, la confessione delle proprie labbra è qualcosa di molto importante. Secondo le parole che proferisci con la tua bocca, infatti – siano esse positive o negative – potrai creare effetti diversi nella tua vita.

Se abbiamo una comune malattia, come un semplice raffreddore da contagio, dobbiamo essere coscienti che questo appartiene alla categoria della piaga dei moscerini. Se ci pentiamo subito della malvagità che portiamo nel cuore siamo in grado di recuperare, ma, nel caso della piaga di mosche, non è possibile recuperare immediatamente, anche se ci pentiamo. Dal momento che è causata da una malvagità maggiore rispetto al caso della peste di moscerini, c'è un salario da pagare.

Pertanto, se ci troviamo di fronte alla piaga delle mosche, occorre guardarci indietro e pentirci fino in fondo delle parole cattive che abbiamo proferito. Solo dopo esserci pentiti il problema potrà essere risolto.

Nella Bibbia leggiamo di persone malvagie che sono state punite per le parole malvagie che hanno proferito. Come nel caso di Michal, figlia di Saul e moglie di re Davide. In 2 Samuele capitolo 6, quando l'arca del Signore Dio arrivò alla città di Davide, egli ne fu così felice che si mise a ballare davanti a tutti.

L'Arca del Signore era un simbolo della presenza di Dio. Fu rubata dai Filistei durante il tempo dei giudici e ora, finalmente, veniva recuperata. Non potendo rimanere nel tabernacolo venne temporaneamente alloggiata in Kiriat-Iearìm per circa 70 anni.

Dopo che Davide salì al trono, una delle prime cose che fece fu riportare l'Arca presso il tabernacolo di Gerusalemme. Non solo Davide, ma tutto il popolo d'Israele si rallegrò lodando Dio, tutti, tranne Michal, che guardandolo dall'alto al basso, lo disprezzò dicendo:

> *"Bell'onore si è fatto oggi il re d'Israele a scoprirsi davanti agli occhi delle serve dei suoi servi, come si scoprirebbe un uomo da nulla!"* (2 Samuele 6:20).

Quale fu la risposta di Davide?

> *Davide rispose a Michal: "L'ho fatto davanti al SIGNORE che mi ha scelto invece di tuo padre e di tutta la sua casa per stabilirmi principe d'Israele, del popolo del SIGNORE; sì, davanti al SIGNORE ho fatto festa. Anzi mi abbasserò anche più di così e mi renderò umile ai miei occhi; ma da quelle serve di cui parli, proprio da loro, sarò onorato!"* (2 Samuele 6:21-22).

A motivo delle parole malvagie che aveva proferito contro Davide, Michal non divenne mai madre.

Allo stesso modo, le persone che commettono tanti peccati con le loro labbra, spesso non si rendono nemmeno conto che le loro parole sono peccati. A causa delle iniquità presenti sulla loro bocca, il salario del loro peccato si abbatte sul loro lavoro, sulle loro aziende e sulle loro famiglie. Non si rendono nemmeno conto del perché certe cose accadono. Il Signore ci mette in guardia e a conoscenza dell'importanza delle parole.

Nel peccato delle labbra sta un'insidia funesta, ma il giusto sfuggirà a tale afflizione. Per il frutto della sua bocca l'uomo è saziato di beni, e a ognuno è reso secondo l'opera delle sue mani (Proverbi 12:13-14).

Per il frutto delle sue labbra uno gode del bene, ma il desiderio dei perfidi è la violenza. Chi sorveglia la sua bocca preserva la propria vita; chi apre troppo le labbra va incontro alla rovina (Proverbi 13:2-3).

Morte e vita sono in potere della lingua; chi l'ama ne mangerà i frutti (Proverbi 18:21).

Dobbiamo comprendere che proferendo parole malvagie ci troveremo di fronte a delle conseguenze, ecco perché occorre confessare, dichiarare e proferire solo parole positive, buone, parole di giustizia e di luce, e fare confessioni di fede.

La piaga della peste

Anche dopo aver sofferto dalla piaga delle mosche, Faraone non ammorbidì il suo cuore e si rifiutò di lasciare partire gli Israeliti. Fu allora che Dio permise che la piaga della peste lo colpisse.

Prima, però, il Signore mandò Mosè a rilasciare la sua parola al Faraone, ad avvertirlo di cosa sarebbe accaduto:

> *Se tu rifiuti di lasciarlo andare e lo trattieni ancora, la mano del SIGNORE sarà sul tuo bestiame che è nei campi, sui cavalli, sugli asini, sui cammelli, sui buoi e sulle pecore; ci sarà una tremenda mortalità. Però il SIGNORE farà distinzione tra il bestiame d'Israele e il bestiame d'Egitto; nulla morirà di tutto quello che appartiene ai figli d'Israele* (Esodo 9:2-4).

Per far loro capire che non era una coincidenza, ma una piaga permessa dalla potenza di Dio, Egli stabilì un tempo ben definito, dicendo: "Domani l'Eterno farà questa cosa nel paese". Non solo, in questo modo stava continuando a dare loro la possibilità di pentirsi.

Se avesse riconosciuto il potere di Dio, il faraone avrebbe cambiato idea e le piaghe sarebbero terminate.

Purtroppo, però, lui non cambiò idea e di conseguenza, la peste sia abbatté sull'Egitto, colpendo il bestiame: cavalli, asini, cammelli, gli armenti e le greggi. Morirono tutti.

Al contrario, non uno dei capi di bestiame degli Israeliti morì. Dio è vivente e adempie la sua parola, e ora il faraone sapeva questo per certo, ciononostante, continuò a indurire il cuore e non cambiò idea.

Significato spirituale della piaga della peste

La peste è una malattia infettiva che si diffonde rapidamente e uccide persone e animali in gran numero, cosa che accadde a tutto il bestiame d'Egitto. Immaginate che danno economico e lo scompiglio che questo solo evento deve aver causato.

Ad esempio, la peste nera o peste bubbonica, che colpì tutta l'Europa nel XIV secolo, era in realtà un'epidemia che prima si era diffusa tra piccoli roditori, come scoiattoli e ratti. Poi, attraverso le pulci, contagiò anche gli esseri umani causando un'ecatombe, essendo la peste in sé velocemente epidemica e la scienza di quel tempo poco sviluppata.

Gli animali, come le mandrie di bovini e cavalli e le greggi di pecore, rappresentavano la gran parte della ricchezza di un popolo, del faraone e dei ministri. Come in precedenza ho già spiegato, il bestiame fa parte della categoria esseri viventi, e, oggi simboleggia i nostri familiari, i colleghi e gli amici, tutti coloro che frequentano e stanno con noi nelle nostre case, nei luoghi di lavoro, o nelle nostre aziende.

La causa della pestilenza del bestiame d'Egitto va ricercata nella cattiveria del Faraone. Per cui, il significato spirituale della piaga della peste è che, le malattie colpiranno membri della nostra famiglia, se noi accumuliamo così tanta malvagità da far voltare lo sguardo di Dio lontano da noi.

Per esempio, quando i genitori disobbediscono a Dio, i loro

amati figli possono essere colpiti di una patologia difficile da curare. Oppure, a causa della malvagità del marito, la moglie può ammalarsi. Quando questo tipo di piaga ci colpisce, oltre che guardare a noi stessi, bisogna ricercare un pentimento congiunto, in modo che i membri della famiglia intera si convertano e pentano insieme.

In, Esodo 20, dal verso 4 in poi, la Bibbia è chiara e dice che il castigo per l'idolatria colpirà fino alla terza e addirittura la quarta generazione della famiglia che la pratica.

Naturalmente, il nostro è un Dio d'amore e non punisce in tutti i casi. Se i bambini sono buoni di cuore, accettano Dio e vivono nella fede, essi non si troveranno ad affrontare le piaghe causate dai peccati dei loro genitori.

Ma se i bambini, malgrado la giovane età, hanno già iniziato ad accumulare malvagità, erediteranno dai loro genitori le conseguenze dei loro peccati. In molti casi, in famiglie che storicamente hanno praticato o praticano l'idolatria, nascono figli con disabilità ereditaria o disturbi mentali.

Alcune persone appendono dei quadri porta fortuna sui muri delle loro case, altri adorano degli idoli come Buddha, altri ancora lasciano dei fogli con i loro nomi nei templi buddisti. Questo tipo di idolatria è molto molto grave, e, anche se chi la pratica non soffre della piaga della peste, i loro figli avranno in un modo e nell'altro sempre problemi.

Pertanto, i genitori dovrebbero sempre rimanere nella verità in modo che i loro peccati non si ripercuotano sui figli. Se uno dei membri della famiglia viene colpito da una malattia che è difficile da curare, occorre verificare se non è dovuto ai loro peccati.

Peste di Bolle

Faraone, dopo aver visto la morte del bestiame dell'intero suo paese, mandò qualcuno a controllare cosa stava accadendo nel paese di Gosen, dove vivevano israeliti. A differenza di tutte le altre terre d'Egitto, in Gosen non era morto neanche un capo di bestiame.

Ciononostante, anche dopo aver sperimentato l'opera innegabile di Dio, il faraone non tornò indietro.

> *Il Faraone mandò a vedere, ed ecco che neppure un capo del bestiame degli Israeliti era morto. Ma il cuore del faraone rimase ostinato ed egli non lasciò andare il popolo* (Esodo 9:7).

Dopodiché, Dio disse a Mosè e ad Aronne di prendere una manciata di fuliggine di fornace, e di lasciare che Mosè la gettasse verso il cielo sotto gli occhi del faraone. Come fecero ciò che Dio aveva detto loro, la fuliggine si trasformò divenendo bolle che scoppiarono in piaghe su uomini e bestie.

Una bolla è un gonfiore localizzato, un'infiammazione della pelle causata dall'infezione di un follicolo pilifero e dei suoi tessuti adiacenti, avente un nucleo centrale duro che produce pus.

Se il caso è grave, si può arrivare a dover intervenire

chirurgicamente. Alcune bolle possono arrivare a 10 cm di diametro, si gonfiano, provocano febbre alta, fatica, e alcune persone hanno difficoltà a camminare. Nel complesso è una condizione fisica dolorosa.

Ecco, questo era lo stato degli uomini e degli animali in quel momento in Egitto, tanto che anche i maghi non poterono presentarsi alla presenza di Mosè proprio a causa delle bolle.

Nel caso della peste, solo il bestiame morì, ma ora, per via della piaga delle bolle, anche il popolo stava soffrendo.

Significato spirituale della piaga delle Bolle

La peste è una malattia interna, ma le bolle si vedono all'esterno.

Per esempio, una cellula di cancro piccola cresce e infine, si mostra all'esterno. Lo stesso con l'apoplessia cerebrale o paralisi, le malattie polmonari, e l'AIDS.

Queste malattie spesso colpiscono persone dal carattere ostinato (non soltanto, ovviamente), che sono irascibili, arroganti, che non perdonano gli altri e pensano di essere migliori, che insistono sulle proprie opinioni e ignorano il prossimo. L'elenco di queste caratteristiche, le ragioni per cui si è colpiti dalle piaghe, può riassumersi in: mancanza di amore.

A volte ci si domanda: "Sembra una persona così dolce e buona, perché è stata colpita da una malattia?". Non importa ciò che si appare dall'esterno, gli occhi di Dio vedono chi siamo davvero.

Se poi, qualcuno è colpito da questa piaga pur non essendo testardo, è probabilmente a causa dei peccati commessi dai suoi antenati (Esodo 20:5).

Quando la peste arriva a causa di un membro della famiglia, il problema sarà risolto quando tutti i membri della famiglia si pentiranno congiuntamente.

Dio controlla la vita, la morte, la fortuna e la sfortuna degli uomini nella Sua giustizia. Quindi, nessuna calamità o disastro verrà su di un essere vivente senza motivo (Deuteronomio 28).

Inoltre, anche quando i figli soffrono a causa dei peccati dei loro genitori o dei loro antenati, la causa fondamentale è comunque da ritrovarsi nei bambini stessi, perché, anche se i genitori sono idolatri e i bambini vivono nella parola di Dio, Dio li protegge.

La punizione per i peccati di idolatria ancestrale o quella dei genitori colpisce i bambini quando i bambini stessi non vivono secondo la parola di Dio. Se vivono nella verità, l'Iddio della giustizia li protegge e quindi non ci saranno problemi, perché Dio è amore e considera un'anima più prezioso del mondo intero. Egli vuole che ogni singola persona raggiunga la salvezza, viva nella verità e che abbia la vittoria nella sua vita.

Dio ci permette che le piaghe ci affliggano non per distruggerci ma per condurci al pentimento dei nostri peccati, secondo il suo amore.

Le piaghe di sangue, rane e zanzare sono causate dalle opere di Satana, e, sono relativamente deboli. Quindi, se ci pentiamo e abbandoniamo le nostre vie malvagie, possono essere risolte facilmente.

Le piaghe di mosche, pestilenze, e bolle sono più gravi, perché toccano direttamente il corpo. In questi casi, dobbiamo spargere il nostro cuore davanti a Dio e pentirci molto accuratamente.

Se si è affetti da una di queste calamità, dare la colpa a qualsiasi altra persona non servirà. L'unica cosa da fare è essere abbastanza saggi da riflettere su noi stessi e sulla parola di Dio e pentirci di tutto ciò che non è giusto ai suoi occhi.

Capitolo 5

Piaghe di grandine e locuste

Esodo 9:23-10:20

Mosè stese il suo bastone verso il cielo e il SIGNORE mandò tuoni e grandine, e un fuoco si avventò sulla terra; il SIGNORE fece piovere grandine sul paese d'Egitto. Così ci fu grandine e il fuoco guizzava continuamente in mezzo alla grandine; la grandine fu così forte, come non ce n'era stata di simile in tutto il paese d'Egitto, da quando era diventato nazione (Esodo 9:23-24).

Mosè protese il suo bastone sul paese d'Egitto e il SIGNORE fece levare un vento orientale sul paese, tutto quel giorno e tutta la notte. Quando venne il mattino, il vento orientale aveva portato le cavallette. Le cavallette salirono su tutto il paese d'Egitto e si posarono su tutta l'estensione dell'Egitto. Erano numerosissime: prima non ce n'erano mai state tante, né mai più tante ce ne saranno (Esodo 10:13-14).

Quei genitori che veramente amano i loro figli non si rifiuteranno di disciplinarli o di sculacciarli se è il caso, perché ogni genitore desidera che il proprio figlio faccia ciò che è giusto. Quando i bambini non ascoltano il rimprovero dei loro genitori, a volte è necessario utilizzare la verga in modo che essi sappiano ciò che può accadere se disubbidiscono. Quando un genitore punisce un figlio, il dolore del suo cuore è sempre maggiore del dolore fisico del suo bambino.

Anche il nostro Dio d'amore a volte allontana da noi il suo volto, permettendo così a una piaga o a dei problemi di colpirci, in modo che noi, suoi amati figli, ci pentiamo e torniamo a lui.

La piaga della grandine

Dio avrebbe potuto mandare un grande piaga fin dall'inizio per sottomettere il faraone. Ma Dio è paziente, sopporta a lungo e ha mostrato la sua potenza, mostrandosi al faraone e al suo popolo, iniziando con una piaga minore.

> *Perché se io avessi steso la mia mano e avessi percosso di peste te e il tuo popolo, tu saresti stato sterminato dalla terra. Invece io ti ho lasciato vivere per questo: per mostrarti la mia potenza e perché il mio nome sia proclamato su tutta la terra. Ti opponi ancora al mio popolo per non lasciarlo andare? Ecco, domani verso quest'ora, io farò cadere una grandine così forte*

che non ce ne fu mai di simile in Egitto, dal giorno della sua fondazione, fino ad oggi (Esodo 9:15-18).

Le piaghe divennero sempre più offensive, ma il faraone ancora non lasciava andare il popolo di Israele, e Dio permise la settima piaga, la piaga della grandine.

Dio fece sapere al faraone, per mezzo di Mosè, che ci sarebbe stata una grandine così pesante come non si era mai vista in Egitto. Dio dede la possibilità alle persone e agli animali nei campi di ripararsi, avvertendoli in anticipo che qualsiasi essere umano sarebbe morto se rimasto sotto questa grandine.

Alcuni ministri del faraone, che ormai credevano e avevano iniziato a temere la parola del Signore, misero i loro servi e il loro bestiame al rifugio. Molti, però, non lo fecero.

Ma quelli che non tennero conto della parola del SIGNORE lasciarono i loro servi e il loro bestiame nei campi (Esodo 9:21).

Il giorno dopo Mosè stese il bastone verso il cielo, e Dio mandò tuoni e grandine, tanto che sembrava che fuoco scendesse sulla terra, devastando gli uomini, gli animali, gli alberi e gli ortaggi dei campo. Questa piaga fu tremenda!

Esodo 9:31-32 dice: *"Ora il lino e l'orzo erano stati colpiti, perché l'orzo era in spiga e il lino in fiore; ma il grano e la spelta non furono colpiti, perché tardivi"*. Quindi, il danno fu parziale.

Tutte le terre d'Egitto subirono gravi danni a causa della grandine, eppure niente di tutto questo si verificò nel paese di Gosen.

Il significato spirituale della piaga della grandine

Normalmente, la grandine cade senza preavviso. E di solito non cade su una vasta area, ma su aree relativamente piccole e localizzate.

La grandine, quindi, simboleggia una piaga che colpisce alcuni aspetti della vita di una persona ma non l'insieme.

C'era grandine infuocata che uccideva uomini e animali, le verdure nei campi furono danneggiate e non c'era niente da mangiare. Una vera calamità naturale imprevista.

Oggi questa piaga potrebbe prendere la forma di un incendio che danneggia irreparabilmente il nostro luogo di lavoro o la nostra azienda, o che uno dei nostri familiari viene colpito da una malattia o da un incidente così gravi e particolari che occorre una fortuna per curarli.

Si consideri, ad esempio, una persona fedele al Signore che però, inizia ad essere così concentrato con la sua attività lavorativa da a saltare il culto della domenica ogni tanto, per poi finire col non andarci più.

A causa di questo, Dio non può proteggerlo quando si troverà ad affrontare i problemi della sua attività, o un incidente imprevisto o una malattia che gli costeranno una fortuna. Questa situazione è come la piaga della di grandine.

La maggior parte delle persone considera ciò che possiede prezioso quanto la loro stessa vita. In 1 Timoteo 6:10 si dice che l'amore per il denaro è la radice di tutti i mali, e infatti, è a causa di questioni economiche che si compiono la maggior parte degli omicidi, rapine, sequestri, violenze, e molti altri crimini. A volte, il rapporto tra fratelli s'incrina irreparabilmente, come quello tra vicini di casa, proprio a causa del denaro. La ragione principale dei conflitti tra paesi e nazioni è anche e soprattutto di origine materiale e riguarda terra e risorse.

Stesso discorso vale per quei credenti che non superano la tentazione del denaro, i quali per questioni legate al lavoro o al guadagno non rispettano il giorno del Signore o non danno la decima. Dal momento che non conducono una vita propriamente cristiana, si distanziano dalla salvezza.

Proprio come la grandine distrugge la maggior parte del cibo, la piaga della grandine simboleggia un grave danno alla ricchezza, che la gente considera preziosa come la loro vita.

Ma, quando la grandine cade solo in settori limitati, non colpisce l'intera fortuna, e, questo fatto, ci parla dell'amore di Dio. Egli, infatti, sa che se perdiamo completamente tutto ciò che abbiamo e possediamo, odieremmo la vita tanto da considerare persino il suicidio. Questo è il motivo per cui Dio, in primis, lascia che solo una parte di ciò che abbiamo venga toccata.

Anche se solo parzialmente dannifica, l'impatto di questa piaga è forte e molto significativo, ci deve portare a riflettere e a pentirci. In particolare, la grandine che cadde sull'Egitto non era come quella di sempre, non erano piccoli pezzi di ghiaccio, piuttosto, grossi sassi ghiacciati lanciati sulla terra a grande velocità.

Anche oggi la notizia riguardo chicchi di grandine grossi come palline da golf suscita allarme e sorpresa figuriamoci lo spavento della grandine infuocata che cadde sull'Egitto, mandata direttamente da Dio.

La piaga della grandine venne su di loro, perché il faraone accumulò malvagità su malvagità. Se il nostro cuore è duro e testardo, anche noi rischiamo di dover affrontare lo stesso tipo di peste.

Piaga delle cavallette

Gli alberi e le verdure furono danneggiati, animali e anche gli uomini morirono a causa della grandine e Faraone, finalmente, riconobbe la sua colpa.

Allora il faraone mandò a chiamare Mosè e Aaronne e disse loro: "Questa volta io ho peccato; il SIGNORE è giusto, mentre io e il mio popolo siamo colpevoli" (Esodo 9:27).

Faraone si pentì in modo affrettato e chiese a Mosè di fermare la grandine.

> *Pregate il SIGNORE perché cessino questi grandi tuoni e la grandine. Io vi lascerò andare e non sarete più trattenuti* (Esodo 9:28).

Mosè sapeva che il faraone non aveva ancora cambiato idea, ma per fargli capire che lui serviva l'Iddio vivente, e che tutto il mondo è in suo potere, alzò le mani verso il cielo e tutto cessò.

Come Mosè aveva previsto, però, non appena la pioggia, i tuoni e le grandine cessarono, il faraone cambiò idea, indurì il suo cuore nuovamente e non lasciò partire gli Israeliti.

Non solo, anche i servitori del Faraone indurirono il loro cuore. Allora, Mosè e Aronne annunciarono che sarebbero arrivate le locuste, come Dio aveva detto, e che questsa piaga sarebbe stata tra le peggiori se non la peggiore che finora avevano colpito il mondo intero.

> *Esse copriranno la superficie del paese e non si potrà vedere il suolo; divoreranno il resto che è scampato, ciò che è stato lasciato dalla grandine e divoreranno ogni albero che cresce nei campi* (Esodo 10:5).

Solo allora i ministri del faraone ebbero paura e dissero al loro re: *"Lascia andare questa gente, e che serva l'Eterno, il loro Dio. Non ti rendi conto che l'Egitto è rovinato?"* (Esodo 10:7).

Nell'ascoltare lo sgomento dei suoi, il faraone chiamò Mosè

e Aronne, ma questa volta Mosè gli rispose che si sarebbe presentato a corte con tutto il popolo, con i loro piccoli e i loro vecchi, con i loro figli e le loro figlie, con le loro greggi e i loro armenti, per celebrare una festa in onore del Signore. Nel sentire ciò Faraone si infuriò e diede del malvagio a Mosè.

Fu allora che Dio permise l'ottava piaga: le cavallette.

Allora il SIGNORE disse a Mosè: "Stendi la tua mano sul paese d'Egitto per farvi venire le cavallette; ed esse salgano sul paese d'Egitto e divorino tutta l'erba del paese, tutto quello che la grandine ha lasciato" (Esodo 10:12).

Quando Mosè frece quello che Dio gli aveva comandato, un vento orientale iniziò a soffiare su tutto il paese, per tutto il giorno e tutta la notte. E, quando fu mattina, il vento orientale portò le locuste, che, da tanto numerose che erano, la terra si oscurò.

Divorarono tutto. Ogni pianta d'Egitto che la grandine aveva lasciato. In Egitto non vi era più nulla di verde.

Allora il faraone chiamò in fretta Mosè e Aaronne e disse: "Io ho peccato contro il SIGNORE, il vostro Dio, e contro di voi. 17 Ma ora perdonate, vi prego, il mio peccato, questa volta soltanto. Supplicate il SIGNORE, il vostro Dio, perché almeno allontani da me questo flagello mortale" (Esodo 10:16-17).

Quando si rese davvero conto di quello che stava accadendo, in tutta fretta il faraone chiamò Mosè e Aronne per chiedere loro di fermare questa terribile piaga.

Mosè, quindi, andò all'aperto e pregò. Un forte vento di ponente invase il paese, spazzando via tutte le locuste fino al Mar Rosso. Non una sola cavalletta fu trovata in tutte le terre d'Egitto. Ma anche questa volta, il faraone indurì il suo cuore e non liberò i figli d'Israele.

Il significato spirituale della piaga delle cavallette

Una locusta, da sola, è solo un piccolo insetto, ma quando è in sciame, in un grande gruppo, diventa devastante. In un attimo, l'Egitto è stato quasi distrutto dalle cavallette.

> *Le cavallette salirono su tutto il paese d'Egitto e si posarono su tutta l'estensione dell'Egitto. Erano numerosissime: prima non ce n'erano mai state tante, né mai più tante ce ne saranno. Esse coprirono la superficie di tutto il paese, che ne rimase oscurato, e divorarono tutta l'erba del paese e tutti i frutti degli alberi, che la grandine aveva lasciato. Nulla di verde rimase sugli alberi né sulle erbe della campagna, in tutto il paese d'Egitto* (Esodo 10:14-15).

Questo genere pericolosissimo di sciame è possibile

localizzarlo ancora oggi in Africa o in India. Gruppi estesi di cavallette che coprono fino a 40 km di larghezza e 8 km di profondità. Centinaia di milioni di insetti, come una nube tossica, che divorano tutto, non solo le coltivazioni, ma anche tutte le piante e le foglie. Dietro di loro non lasciano vegetazione, dietro di loro non esiste il verde.

Dopo la piaga della grandine, qualcosa nel paese era sopravvissuta, il grano e la spelta non erano stati danneggiati, perché tardivi. Non solo, alcuni dei ministri del faraone che temevano la parola di Dio avevano messo a riparo i loro servi e il loro bestiame e quindi non tutto era stato distrutto.

Il danno delle locuste fu di gran lunga maggiore rispetto alla piaga della grandine, perché esse divorarono il poco che era rimasto.

Parallelamente, le piaga delle cavallette simboleggia quel tipo di disastri che colpiscono la vita delle persone che non lasciano nulla dietro, che portano via tutto, ma proprio tutto. Ogni possedimento, ogni ricchezza, ogni risorsa. Questa piaga si abbatte e distrugge non solo la famiglia, ma anche i luoghi di lavoro, le imprese, le aziende.

A differenza della piaga della grandine, dove il danno è parziale, la piaga delle cavallette distrugge tutto e porta via anche i centesimi. In altre parole, questa piaga è la completa devastazione finanziaria.

Ad esempio, a causa di un fallimento, un padre perde tutto e per motivi legati a questo disastro, deve essere separato dai suoi familiari. Oppure, si inizia a soffrire di una lunga malattia che tra le cure e la mancanza di lavoro causa la perdita di ogni sostanza economica di quella persona o famiglia. Oppure, magari, ci sono casi in cui i figli stanno così male che la famiglia perde tutto e si indebita per curarli.

Quando si trovano ad affrontare continue catastrofi, alcune persone pensano che possano essere una sorta di coincidenze, ma il caso non esiste agli occhi di Dio. Quando uno affronta un danno e poi una malattia, ci deve essere una ragione.

Ma se sono dei credenti a dover affrontare questo genere di disastri? Quando si viene a conoscenza della parola di Dio e della sua volontà, poi, bisogna rispettarle. Se si continua ad agire come non credenti, è inevitabile che queste piaghe li colpiranno.

Se non si rendono conto che questi sono segni attraverso i quali Dio nel suo amore cerca di mostrare loro qualcosa, allora Egli gira il suo sguardo, e poi, una malattia può svilupparsi in una pestilenza, o le bolle possono esplodere. In seguito, si troveranno ad affrontare piaghe pesanti, come la grandine o le cavallette.

I più saggi capiranno che tutto questo è solo la dimostrazione dell'amore di Dio, che permette loro di comprendere le proprie colpe di fronte piccoli o grandi disastri. Sapranno presto pentirsi onde evitare piaghe maggiori.

Voglio raccontarvi una storia, una storia di vita vera. Un uomo, che aveva fatto infuriare Dio, iniziò a soffrire di gravi difficoltà e ad accumulare un ingente quantità di debiti, soprattutto a causa di un incendio. Sua moglie, non riuscendo a sopportare la pressione dei creditori tentò il suicidio. Dopo qualche tempo conobbero il Signore e iniziarono a frequentare la chiesa.

Vennero da me per una consulenza, dopodiché, iniziarono un percorso di vita cristiana, obbedendo alla parola di Dio, pregando, lavorando nella chiesa come volontari. Di lì a poco, a uno a uno, risolsero tutti i loro problemi economici, ripagarono tutti i loro debiti e non temevano più nessun creditore. Non solo, costruirono una nuova azienda, acquistarono un edificio commerciale e una bella casa.

Dopo un poco di tempo, dopo che avevano risolto tutte le loro difficoltà, dopo aver ricevuto tante benedizioni, però, il loro cuore cambiò: abbandonarono la grazia di Dio e tornarono a vivere come dei non credenti.

Un giorno, una parte dell'edificio commerciale crollò a causa di un'inondazione. Non solo, poco tempo dopo l'inondazione, la parte intatta dell'edificio fu distrutta da un altro incendio, accumularono nuovamente una gran quantità di debiti, solo che questa volta, lui soffriva di diabete. In seguito dovettero tornare nel paese di campagna da cui erano partiti.

Come in questo caso, se ci ritroviamo con niente, dopo aver provato tutto, con la nostra conoscenza e la nostra saggezza, l'unica cosa che ci resta da fare è andare davanti a Dio con cuore umile. Riflettendo su chi siamo alla luce della parola di Dio, pentendoci dei nostri peccati, quello che abbiamo perso verrà recuperato.

Se la nostra fede è tale da andare davanti a Dio e di rimettere nelle sue mani ogni circostanza della nostra vita, l'Iddio d'amore che non spezza il lucignolo fumante ci perdonerà, recuperando ciò che è andato perso. Se ci pentiamo e viviamo nella luce, Dio ci guiderà nuovamente verso la prosperità, donandoci grandi benedizioni.

Capitolo 6

Tenebre e morte dei primogeniti

Esodo 10:22-12:36

Mosè stese la sua mano verso il cielo e per tre giorni ci fu una fitta oscurità in tutto il paese d'Egitto. Non ci si vedeva più l'un l'altro e per tre giorni nessuno si mosse da dove stava; ma tutti i figli d'Israele avevano luce nelle loro abitazioni (Esodo 10:22-23).

A mezzanotte, il SIGNORE colpì tutti i primogeniti nel paese d'Egitto, dal primogenito del faraone che sedeva sul suo trono al primogenito del carcerato che era in prigione, e tutti i primogeniti del bestiame. Il Faraone si alzò di notte, egli e tutti i suoi servitori e tutti gli Egiziani; e vi fu un grande lamento in Egitto, perché non c'era casa dove non vi fosse un morto (Esodo 12:29-30).

Nei racconti della Bibbia, spesso, le difficoltà che gli individui si sono trovati ad affrontare sono state funzionali al loro pentimento e di conseguenza a ricevere l'aiuto di Dio.

Dio mandò il suo profeta al re Ezechia del Regno di Giuda per dirgli: "Tu morirai e non vivrai". Ma il re pregò intensamente, con lacrime, e la sua vita fu estesa.

Ninive era la capitale degli Assiri, un paese ostile nei confronti di Israele. Dopo che i suoi abitanti ascoltarono la parola di Dio attraverso il profeta, si pentirono completamente dei loro peccati e non vennero distrutti.

Allo stesso modo, Dio concede la sua misericordia a coloro che si pentono, si fa trovare da quelli che lo cercano e li investe con la sua grazia.

A motivo della sua malvagità, il faraone soffrì di molte piaghe, ciononostante, non si pentì, e più si ostinava più le piaghe diventavano pesanti.

La piaga delle tenebre

Alcuni individui sostengono di non essere in grado di vivere se perdono. Credono solo nella propria forza. Il Faraone era questo tipo di persona. Si considerava un dio, ed è per questo che non voleva riconoscere l'Eterno come Dio.

Anche dopo aver testimoniato la distruzione quasi totale del paese d'Egitto, si rifiutava di lasciare andare i figli d'Israele. Si comportava come se fosse in competizione con Dio. Quindi, Dio lasciò che la piaga delle tenebre colpisse l'Egitto.

Mosè stese la sua mano verso il cielo e per tre giorni ci fu una fitta oscurità in tutto il paese d'Egitto. Non ci si vedeva più l'un l'altro e per tre giorni nessuno si mosse da dove stava; ma tutti i figli d'Israele avevano luce nelle loro abitazioni (Esodo 10:22-23).

L'oscurità era così fitta che non ci si riusciva a vedere l'un l'altro. Nessuno si mosse da dove si trovava per tre giorni interi. Come esprimere la piena portata della paura ed il disagio che questa gente dovette affrontare per tre giorni?

Un fitto buio ricopriva tutte le terre d'Egitto e il popolo dovette camminare in cecità, mentre, nella terra di Gosen i figli di Israele avevano luce nelle loro dimore.

Faraone chiamò Mosè e disse che avrebbe liberato gli Israeliti, imponendogli però di lasciare le greggi e gli armenti, e prendere solo i figli e le figlie. In realtà non aveva alcuna intenzione di liberarli.

In ogni caso, Mosè si rifiutò. Disse che dovevano avere degli animali da sacrificare a Dio, e non potevano lasciarli in Egitto perché non sapeva a quale Dio sarebbero stati dati in sacrificio.

Ancora una volta il faraone si adirò, fino a minacciare Mosè dicendogli: "Vattene via da me! Guàrdati bene dal comparire ancora alla mia presenza, perché il giorno che comparirai alla mia presenza morirai!".

Mosè rispose: "Hai detto bene; io non comparirò più davanti a te".

Significato spirituale della piaga delle Tenebre

Il significato spirituale della piaga delle tenebre è chiaro: tenebre spirituali, non solo, questa piaga colpisce prima della morte.

Si tratta di un caso in cui una malattia è diventata così grave che la persona è irrecuperabile. Questa piaga colpisce coloro che non si pentono anche dopo aver perso tutta la loro fortuna, dopo la devastazione che ha colpito tutta la loro vita.

Stare in bilico in piedi sulla soglia della morte è come stare sul bordo di una scogliera nel buio più totale e non avere alcuna via d'uscita. Spiritualmente, questo si verifica quando si è abbandonato Dio, la fede, la grazia è stata ritirata e la vita spirituale sta arrivando al termine. Nonostante ciò, Dio mostra ancora la sua compassione anche verso questi individui, non prendendone la vita.

In caso di un non credente, una persona può affrontare questo tipo di situazione, perché non ha ancora accettato Dio, anche dopo aver sofferto molti dolori. In caso di credenti, succede quando non si è mantenuta la parola di Dio, e invece di obbedienza si è accumulata malvagità su malvagità.

Spesso sentiamo storie di persone hanno speso fortune per la guarigione delle loro malattie, e che ciononostante, vivono in costante attesa della morte.

Non solo, ci sono quelli che soffrono di problemi nevrotici, come la depressione, l'insonnia, e l'esaurimento nervoso, quelli che si sentono inermi ad affrontare anche le più piccole difficoltà del loro vivere quotidiano. Tutti questi sono i colpiti dalla piaga delle tenebre.

Se si pentono della loro malvagità e si convertono, Dio avrà pietà di loro e rimuoverà ogni angoscia, ogni disastro.

Il Faraone, purtroppo, invece, non si pentì, indurì il cuore ancora di più, si oppose a Dio, dall'inizio alla fine. Come succede oggi. Alcune persone sono così ostinate da opporsi a Dio, qualsiasi tipo di difficoltà incontrino. Non importa se i loro familiari siano stati colpiti da una grave malattia, se abbiano perso tutta la loro fortuna, o se le loro vite siano in pericolo, non vogliono pentirsi davanti a Dio.

Se continuiamo a opporci Dio, anche in mezzo a tanti disastri, alla fine, ci verrà inflitta la piaga della morte.

Piaga della morte dei primogeniti

Dio rivelò a Mosè quello che stava per accadere.

Il SIGNORE disse a Mosè: "Io farò venire ancora

una piaga sul faraone e sull'Egitto; poi egli vi lascerà partire da qui. Quando vi lascerà partire, egli addirittura vi scaccerà di qui. Parla dunque al popolo e digli che ciascuno domandi al suo vicino, e ogni donna alla sua vicina, degli oggetti d'argento e degli oggetti d'oro" (Esodo 11:1-2).

La situazione di Mosè era molto precaria, rischiava anche di essere ucciso se si fosse presentato di nuovo davanti al Faraone. Lui, però, non si fermò, e andò nuovamente alla presenza del Faraone per dichiarargli la volontà di Dio, come lui gliela aveva rivelata:

E ogni primogenito nel paese d'Egitto morirà, dal primogenito del faraone che siede sul suo trono, al primogenito della serva che sta dietro la macina e ad ogni primogenito del bestiame. Vi sarà in tutto il paese d'Egitto un grande lamento, quale non ci fu mai prima, né ci sarà mai più (Esodo 11:5-6).

Poi, come Mosè aveva detto, nella notte, tutti i primogeniti, non solo quello del Faraone, ma anche dei suoi servi e di tutto il bestiame, in tutto l'Egitto, morirono!

Ci fu un grande grido in Egitto, perché non c'era famiglia in cui il primogenito non fosse morto. A motivo del cuore duro del Faraone, del suo perdurare nel non pentirsi, la piaga della morte ricadde su tutto il paese oltre che sulla sua casa.

Significato spirituale della piaga della morte dei primogeniti

La piaga della morte dei primogeniti si riferisce ad una situazione in cui la persona stessa, o quella più amata, sia essa un figlio o uno tra i suoi familiari, un coniuge o un genitore, entra in un tunnel di distruzione completa ove nessuna salvezza è possibile.

Altri passaggi della Bibbia parlano di questi casi. Il primo re di Israele, Saul disobbedì alla parola di Dio che aveva ordinato di distruggere tutto ciò che proveniva da Amalek. Saul disobbedì e mostrò la sua arroganza in tante occasioni, si arrogò perfino il diritto di offrire a Dio un sacrificio in autonomia, gesto che era possibile solo ai sacerdoti. Infine, fu abbandonato da Dio.

Saul, piuttosto che comprendere la gravità dei suoi peccati e pentirsi, tentò di uccidere il suo fedele servo Davide. Quando il popolo iniziò a riconoscere in Davide un leader da seguire, Saul si fece consumare dal pensiero, dall'ossessione, che Davide si sarebbe ribellato contro di lui.

Così, Saul gli tirò una lancia per ucciderlo una volta mentre stava suonando l'arpa per lui, lo mandò a combattere una battaglia da cui non sarebbe dovuto tornare da vivo, fino a mandare dei suoi soldati a casa di Davide per farlo fuori.

Nella sua follia arrivò a uccidere dei sacerdoti dell'Eterno perché avevano aiutato Davide! Infine, dopo aver perso una battaglia in guerra, morì di una pessima morte. Fu ucciso con la sua stessa mano.

E che dire di Eli e dei suoi figli? Eli era un sacerdote in Israele al tempo dei giudici, tra le altre cose, a lui era richiesto di dare un buon esempio. Aveva due figli Ofni e Fineas, uomini senza valori che non conoscevano Dio (1 Samuele 2:12).

Dal momento che il padre era un sacerdote, anche loro avrebbero dovuto servire Dio, ma disprezzarono questa possibilità, e invece di onorare il tempio, toccavano la carne del sacrificio prima che fosse sacrificata a Dio, e si coricavano con le donne che prestavano servizio presso la porta della tenda di convegno.

Se i bambini stanno crescendo in modo sbagliato, i genitori hanno il dovere di ammonirli, e, se non vengono ascoltati, i genitori sono tenuti ad attuare misure più rigorose per fermare il declino dei propri figli. E' il dovere intrinseco nel vero amore di un genitore. Eli, invece, si limitava rimproverare blandamente i suoi due figli.

Ofni e Fineas non si pentirono mai dei loro peccati, e una maledizione cadde sulla loro famiglia, fino al giorno in cui i suoi figli sono stati uccisi in una battaglia.

Sentendo questa notizia, Eli cadde dalla sedia, si ruppe il collo e morì. Non solo, sua nuora, nel sentire dell'accaduto subì un shock così forte che partorì precocemente e morì.

Alla luce di queste due storie siamo perfettamente in grado di comprendere che le maledizioni e le morti tragiche non arrivano senza motivo.

Quando si vive una vita di disobbedienza contro la parola di Dio sia i propri familiari che la persona che disobbedisce affrontano la morte. Alcune persone si pentono e tornano da Dio solo dopo aver visto intorno a sé morti violente e tragedie.

Se un individuo non si pente neanche dopo aver vissuto una piaga terribile come la morte del primogenito, allora non esiste salvezza possibile per lui. E la piaga più grande è certamente questa. Pertanto, prima che piaghe ti colpiscano, o in caso di piaghe più leggere già vissute, prima che delle più gravi arrivino, pentiti di tutti i tuoi peccati prima che sia troppo tardi.

Faraone lasciò andare via il popolo di Israele solo alla fine, solo dopo aver vissuto sulla propria pelle tutte e dieci le piaghe.

Egli chiamò Mosè ed Aaronne, di notte, e disse: "Alzatevi, partite di mezzo al mio popolo, voi e i figli d'Israele. Andate a servire il SIGNORE, come avete detto. Prendete le vostre greggi e i vostri armenti, come avete detto; andatevene, e benedite anche me!" (Esodo 12:31-32).

Il Faraone dimostrò chiaramente che il suo cuore era ostinato, duro, e solo dopo aver vissuto tutte e dieci le piaghe liberò gli Israeliti. Ben presto, però, si pentì e cambiò idea di nuovo. Radunò tutto il suo esercito, tutti i carri e cavalli d'Egitto e si mise a inseguirli.

Allora il faraone fece attaccare il suo carro e prese il popolo con sé. Prese seicento carri scelti, tutti carri d'Egitto, e su tutti c'erano dei capitani. Il SIGNORE indurì il cuore del faraone, re d'Egitto, ed egli inseguì i figli d'Israele che uscivano a testa alta (Esodo 14:6-8).

Si sottomise a Dio per un breve istante, solo dopo aver sperimentato la morte del suo primogenito, ma ben presto si pentì e ferocemente, con il suo esercito, si mise a inseguire il popolo di Israele. Questa storia ci mostra quanto il cuore di un uomo possa arrivare a indurirsi. Infine, Dio non lo perdonò. Non aveva altra scelta che lasciar morire lui e il suo esercito nelle acque del Mar Rosso.

Allora il SIGNORE disse a Mosè: "Stendi la tua mano sul mare e le acque ritorneranno sugli Egiziani, sui loro carri e sui loro cavalieri". Mosè stese la sua mano sul mare e il mare, sul far della mattina, riprese la sua forza, mentre gli Egiziani, fuggendo, gli andavano incontro. Il SIGNORE precipitò così gli Egiziani in mezzo al mare. Le acque ritornarono e ricoprirono i carri, i cavalieri e tutto l'esercito del faraone che erano entrati nel mare dietro agli Israeliti. Non ne scampò neppure uno (Esodo 14:26-28).

Le persone malvagie, tutt'oggi, pregano e implorano per avere una possibilità, quando si trovano in una situazione difficile. Quando poi nella realtà viene concessa loro la possibilità di agire secondo giustizia, ritornano alla loro malvagità. Quando il male si protrae in questo modo, si arriverà ad affrontare la morte.

Vita di disobbedienza e di vita di obbedienza

C'è una cosa importante che dobbiamo capire in modo chiaro: quando comprendiamo di aver agito male, non dobbiamo aggiungere dell'altra malvagità a quella esistente, ma pentirci e camminare nella via della giustizia.

1 Pietro 5:8-9 dice: *Siate sobri, vegliate; il vostro avversario, il diavolo, va attorno come un leone ruggente cercando chi possa divorare. Resistetegli stando fermi nella fede, sapendo che le medesime sofferenze affliggono i vostri fratelli sparsi per il mondo.*

E 1 Giovanni 5:18 dice anche: *Noi sappiamo che chiunque è nato da Dio non persiste nel peccare; ma colui che nacque da Dio lo protegge, e il maligno non lo tocca.*

Pertanto, se non si commettono peccati, se ci sforziamo per vivere secondo la parola di Dio perfettamente, Dio ci proteggerà con i suoi occhi fiammeggianti, in modo che noi non ci dovremo preoccupare per nulla.

Intorno a noi vedremo persone affrontare disastri di ogni tipo, che non comprendono nemmeno il motivo per cui si trovano ad affrontare tali difficoltà, anche tra i nostri fratelli credenti. Alcune passano attraverso la piaga del sangue, altri degli insetti, altri della grandine, altri ancora delle cavallette. E' possibile che incontreremo anche chi dovrà fronteggiare la piaga della morte del primogenito e della morte per sepoltura subacquea.

Ecco perché, non dobbiamo vivere una vita di disobbedienza come fece il faraone, ma una vita di obbedienza, in modo da non dover mai incontrare sul nostro cammino nemmeno una di queste piaghe.

Anche se ci troviamo in una situazione in cui non si può evitare di affrontare la piaga della morte dei primogeniti o la piaga delle tenebre, possiamo essere perdonati se ci pentiamo e ci allontaniamo dal peccato che ha causato tutto questo. Proprio come l'esercito egiziano che fu sepolto nel Mar Rosso, se ritardiamo ulteriormente e non ci pentiamo, arriverà il momento che anche per noi sarà troppo tardi.

La vita di
obbedienza

Ora, se tu ubbidisci diligentemente alla voce del SIGNORE tuo Dio, avendo cura di mettere in pratica tutti i suoi comandamenti che oggi ti do, il SIGNORE, il tuo Dio, ti metterà al di sopra di tutte le nazioni della terra; e tutte queste benedizioni verranno su di te e si compiranno per te, se darai ascolto alla voce del SIGNORE tuo Dio: Sarai benedetto nella città e sarai benedetto nella campagna. Benedetto sarà il frutto del tuo seno, il frutto della tua terra e il frutto del tuo bestiame; benedetti i parti delle tue vacche e delle tue pecore. Benedetti saranno il tuo paniere e la tua madia. Sarai benedetto al tuo entrare e benedetto al tuo uscire
(Deuteronomio 28:1-6).

Capitolo 7

Pasqua e via di salvezza

Esodo 12:1-28

Il SIGNORE parlò a Mosè e ad Aaronne nel paese d'Egitto, dicendo: "Questo mese sarà per voi il primo dei mesi: sarà per voi il primo dei mesi dell'anno. Parlate a tutta la comunità d'Israele e dite: 'Il decimo giorno di questo mese, ognuno prenda un agnello per famiglia, un agnello per casa;'" (Esodo 12:1-3).
Lo serberete fino al quattordicesimo giorno di questo mese, e tutta la comunità d'Israele, riunita, lo sacrificherà al tramonto. Poi si prenda del sangue d'agnello e lo si metta sui due stipiti e sull'architrave della porta delle case dove lo si mangerà. Se ne mangi la carne in quella notte; la si mangi arrostita al fuoco, con pane azzimo e con erbe amare. Non mangiatelo poco cotto o lessato nell'acqua, ma sia arrostito al fuoco con la testa, le gambe e le interiora. Non lasciatene avanzo alcuno fino alla mattina. Quello che sarà rimasto fino alla mattina, bruciatelo con il fuoco. Mangiatelo in questa maniera: con i vostri fianchi cinti, con i vostri calzari ai piedi e con il vostro bastone in mano; e mangiatelo in fretta: è la Pasqua del SIGNORE (Esodo 12:6-11).

Fino a questo punto, sia il faraone che il suo entourage, avevano completamente disobbedito alla parola di Dio, e, come risultato, piaghe – inizialmente minori – si abbatterono sull'Egitto, tanto che, perdurando, conobbero malattie, disastri finanziari e morte.

Al contrario, sebbene vivessero nello stesso luogo, il popolo eletto di Israele non subì alcuna delle piaghe inflitte all'Egitto, neanche l'ultima.

Nessun primogenito dei figli di Israele fu portato via dall'angelo della morte. Questo perché Dio aveva lasciato al popolo di Israele la conoscenza, aveva mostrato loro la via della salvezza.

La salvezza di cui si avvalsero gli israeliti migliaia di anni fa è, allo stesso modo, ancora e ugualmente applicabile a noi oggi.

Come evitare la piaga della morte dei primogeniti

Prima che l'angelo della morte si abbattesse su tutti i primogeniti d'Egitto, Dio disse agli Israeliti come preservarsi da questa piaga:

> *Parlate a tutta la comunità d'Israele e dite: Il decimo giorno di questo mese, ognuno prenda un agnello per famiglia, un agnello per casa;* (Esodo 12:3).

Durante tutto il periodo in cui le piaghe si abbatterono

sull'Egitto, gli Israeliti furono protetti. Nulla li colpì, senza che loro dovessero prendere alcuna iniziativa, dalla piaga del sangue a quella delle tenebre. Ma, prima dell'ultima calamità, Dio volle un atto di obbedienza da parte del popolo d'Israele.

Ogni famiglia in Israele doveva prendere un agnello, ucciderlo, mettere un po' del suo sangue sugli stipiti e sull'architrave delle casa, e mangiare l'agnello arrostito sul fuoco in casa. Questo era il segno che avrebbe contraddistinto il popolo di Dio, le famiglie israelite non avrebbero subito il dolore della perdita del primogenito.

L'ultima piaga passò oltre le case che avevano il sangue dell'agnello sullo stipite della porta, tanto che gli ebrei ancora oggi celebrano questo giorno come la Pasqua, in cui sono stati salvati.

La Pasqua, infatti, è la festa più grande dei Giudei. Mangiano agnello, pane azzimo ed erbe amare per celebrare questo giorno. Nel capitolo 8 approfondiremo questo argomento in dettaglio.

Prendete un agnello

Dio disse loro di prendere un agnello, perché l'agnello è la figura spirituale di Gesù Cristo.

In generale, coloro che credono in Dio, sono chiamati le sue "pecore". Molte persone pensano che l'agnello sia il nuovo credente, ma nella Bibbia, l'agnello è la figura di Gesù.

In Giovanni 1:29, Giovanni Battista disse, indicando Gesù: *"Ecco l'agnello di Dio che toglie il peccato dal mondo!"*. 1 Pietro 1:18-19 dice: *"Sapendo che non con cose corruttibili, con argento o con oro, siete stati riscattati dal vano modo di vivere tramandatovi dai vostri padri, ma con il prezioso sangue di Cristo, come quello di un agnello senza difetto né macchia"*.

Sia il carattere di Gesù che le sue opere ci ricordano un agnello mansueto. Matteo 12:19-20 dice anche: *"Non contenderà, né griderà e nessuno udrà la sua voce sulle piazze. Egli non triterà la canna rotta e non spegnerà il lucignolo fumante, finché non abbia fatto trionfare la giustizia"*.

Proprio come una pecora sente solo la voce del suo pastore e lo segue, così Gesù obbedì con 'Si' e 'Amen' a Dio (Apocalisse 3:14), fino alla sua morte sulla croce. Il suo desiderio era compiere la volontà del Padre (Luca 22:42).

Un agnello provvede una morbida pelliccia, latte altamente nutritivo e carne. Allo stesso modo, anche Gesù è stato offerto come sacrificio espiatorio per riconciliarci con Dio, versando tutto il suo sangue sulla croce.

Sono molti i passaggi della Bibbia in cui Gesù viene paragonato a un agnello. Quando Dio istruì gli Israeliti riguardo il rito della Pasqua, impartì loro anche le istruzioni su come andava diviso l'agnello.

Ora, se la casa è troppo poco numerosa per un

agnello, se ne prenda uno in comune con il vicino di casa più prossimo, tenendo conto del numero delle persone. Voi conterete ogni persona secondo quello che può mangiare dell'agnello. Il vostro agnello sia senza difetto, maschio, dell'anno; potrete prendere un agnello o un capretto (Esodo 12:4-5).

Se una famiglia era troppo povera, o poco numerosa per mangiare un agnello intero, potevano prendere un capretto piccolo o condividere un agnello con una famiglia vicina. Anche in questo sentiamo l'amore delicato di Dio, che è abbondante in compassione.

Dio disse loro di prendere un maschio, di un anno, senza macchia, in quanto la sua carne è più deliziosa in questo momento della sua esistenza perché non si è ancora accoppiato. Inoltre, come per gli uomini, la giovinezza è un momento in cui si è forti, belli, puliti.

Poiché Dio è santo e senza macchia, chiese loro di prendere l'agnello durante il suo periodo migliore, a un anno di età.

Applicare il sangue e non uscire fuori di casa fino al mattino

Non solo Dio spiegò agli israeliti come e in che quantità per famiglia, ma anche le modalità del sacrificio dell'agnello, che, non andava ucciso subito, ma dopo averlo tenuto dentro per quattro giorni. Andava fatto al crepuscolo del quarto giorno. In questo modo, l'Eterno aveva anche dato loro un periodo di tempo per prepararsi a questo passaggio.

Perché al crepuscolo?

La coltura umana, che ebbe inizio con la disobbedienza di Adamo, può essere suddivisa in tre grandi parti. Da Adamo ad Abramo, circa 2000 anni, la fase iniziale della coltivazione umana. Volendo considerare l'intera coltivazione umana come un solo giorno, questo primo passaggio possiamo identificarlo con la mattina.

Dopo che Dio ebbe nominato Abramo come padre della fede, e dal suo tempo fino all'arrivo di Gesù su questa terra, sono passati circa 2.000 anni. Questo passaggio possiamo definirlo: pieno giorno.

Dal momento in cui Gesù visse su questa terra fino ad oggi, sono passati ulteriori 2.000 anni. Questa è l'ora delle fine della coltivazione umana e il crepuscolo del giorno (1 Giovanni 2:18; Giuda 1:18; Ebrei 1:2, 1 Pietro 1:5, 20).

Il tempo in cui Gesù venne su questa terra e ci ha redenti dai nostri peccati mediante la sua morte per noi sulla croce appartiene l'ultima era di coltivazione umana, ed è per questo che Dio disse loro di uccidere l'agnello al crepuscolo e non durante il giorno.

Il popolo per sfuggire alla morte avrebbero dovuto applicare il sangue dell'agnello sugli stipiti e sull'architrave (Esodo 12:7). Il sangue dell'agnello spiritualmente si riferisce al sangue di Gesù Cristo. Dio disse loro di applicare il sangue su due stipiti e sull'architrave perché siamo salvati per mezzo del sangue di Gesù. Con lo spargimento di sangue e morendo sulla croce, Gesù ci ha riscattati dai nostri peccati e ha salvato la nostra vita, questo è il significato spirituale di questo gesto.

Perché è il sangue puro che ci redime dai peccati, non andava applicato sulla soglia (dove passa chiunque) ma solo sugli stipiti e sull'architrave.

Gesù disse: *"Io sono la porta; se uno entra per me, sarà salvato, entrerà e uscirà, e troverà pastura"* (Giovanni 10:9). Come già detto, la notte della piaga in cui morirono i primogeniti d'Egitto, tutte le famiglie che non avevano il sangue sugli stipiti soffrirono di questa atroce calamità.

Non solo, anche se avevano applicato il sangue ma uscivano fuori prima del nuovo giorno, non sarebbero stati immuni (Esodo 12:22). Se oltrepassavano la porta, significava che non tenevano in nessun conto l'alleanza che avevano fatto con Dio, e per questo anche chi disobbediva avrebbe dovuto affrontare la piaga della morte dei primogeniti.

Spiritualmente, il luogo "fuori le porte" simboleggia l'oscurità che non ha nulla a che fare con Dio, il mondo di falsità. Allo stesso modo, oggi, anche se abbiamo accettato il Signore, non possiamo essere salvati, se poi ce ne andiamo e lo lasciamo.

Arrostire l'Agnello e mangiarlo per intero

Quasi ogni famiglia in Egitto subì una perdita e nel paese vi fu un gran grido. A partire dal faraone, che non temeva Dio malgrado le tante opere potenti di cui era stato testimone, un grande grido pervase il paese nel silenzio della notte profonda. Gli Israeliti fecero ciò che l'Eterno aveva loro detto: non uscirono dalla porta della proprio casa e mangiarono l'agnello interamente e dopo il crepuscolo. Ma perché mangiare l'agnello a tarda notte? Il significato spirituale di quest'azione è molto profondo.

Prima che Adamo mangiasse dall'albero della conoscenza del bene e del male, viveva sotto il controllo di Dio, che è luce, ma dopo aver disobbedito, il primo uomo divenne un servo del peccato. A causa di questo, tutti i suoi discendenti, tutta l'umanità, è passata sotto il controllo del diavolo, il nemico, Satana, il principe delle tenebre. Pertanto, il mondo in cui oggi noi viviamo rappresenta l'oscurità della notte.

Proprio come gli Israeliti che dovevano mangiare l'agnello a tarda notte, noi, che viviamo in questo mondo che giace nelle tenebre, dobbiamo mangiare la carne del Figlio dell'uomo, che è la parola di Dio, che è la Luce, e bere il suo sangue, per ricevere la salvezza. Dio disse loro con ogni dettaglio come mangiare l'agnello, che andava accompagnato da pane azzimo e erbe amare (Esodo 12:8).

Per fare crescere il pane e fermentare il cibo in modo che sia più squisito e morbido, viene utilizzato un fungo, il lievito appunto. Il pane senza lievito è meno delizioso del pane lievitato. La situazione che stavano vivendo gli Israeliti era disperata, Era questione di vita o di morte. Ecco perché l'agnello andava mangiato con un pane non lievitato (meno delizioso di quello soffice e morbido preparato con il lievito) e con erbe amare. Questo giorno andava ricordato per quello che era: una situazione disperata a cui erano scampati.

Inoltre, il lievito rappresenta spiritualmente i peccati e il male, pertanto, mangiare il pane azzimo, che è senza lievito, simboleggia che per ricevere la salvezza e la vita, dobbiamo estirpare ogni peccato e ogni malvagità

E Dio disse loro di arrostire l'agnello sul fuoco, non mangiare crudo, né bollito nell'acqua, ed erano a mangiare tutto, la testa, le gambe e le viscere (Esodo 12:9).

Qui, questa frase "mangiare crudo" significa interpretare la preziosa parola di Dio alla lettera.

Ad esempio, Matteo 6:6 dice: *"Ma tu, quando preghi, entra nella tua cameretta e, chiusa la porta, rivolgi la preghiera al Padre tuo che è nel segreto; e il Padre tuo, che vede nel segreto, te ne darà la ricompensa"*. Se interpretassimo questo passaggio alla lettera, ogni volta che preghiamo dovremmo nasconderci in una stanza e chiudere la porta. Eppure, da nessuna parte nella Bibbia troviamo un uomo di Dio che pregava solo se era chiuso a chiave nella sua stanzetta.

Spiritualmente, "...entra nella tua cameretta e, chiudi la porta...", significa non avere pensieri oziosi, prega con tutto il cuore.

Se mangiassimo carne cruda potremmo contrarre alcune infezioni da parassiti e soffrire di dolori intestinali. Se interpretassimo la parola di Dio alla lettera, finiremmo per percorrere un sentiero fatto di incomprensioni e problemi, cosa che ci impedirebbe di crescere nella fede spirituale, allontanandoci così dalla salvezza.

"Far bollire in acqua" significa "aggiungere filosofia, scienza, scienza medica o pensieri umani alla parola di Dio". Se bolliamo la carne in acqua, il siero della carne esce con conseguente perdita delle sostanze nutritive. Allo stesso modo, se si aggiunge la conoscenza di questo mondo alla parola di verità, la nostra sarà una fede da conoscenza e non la fede spirituale, che è l'unica fede che conduce alla salvezza.

Ora, che cosa significa arrostire l'agnello sul fuoco?
"Fuoco" sta per "fuoco dello Spirito Santo". Vale a dire che, la parola di Dio è ispirata direttamente e completamente dallo Spirito Santo, e che, quindi, quando la ascoltiamo, quando la leggiamo, dobbiamo essere anche noi dentro il flusso dello Spirito Santo. In caso contrario, saranno solo parole, mera conoscenza e non pane spirituale.

Per mangiare la parola di Dio arrostita sul fuoco occorre immergerci in ferventi preghiere. La preghiera è come l'olio, ed è l'unica porta che ci consente l'accesso alla pienezza dello Spirito Santo. Quando meditiamo sulla parola di Dio attraverso l'ispirazione dello Spirito Santo, la parola avrà per noi un sapore più dolce di quello del miele. Significa che stiamo ascoltando la Parola con cuore assetato come fa una cerva in cerca di acqua quando scorge un fiume. A quel punto la parola di Dio diverrà talmente preziosa per noi che mai più penseremo che studiarla o leggerla sia noioso.

Quando si ascolta la parola di Dio, se la filtriamo con i pensieri dell'uomo, o la nostra esperienza e conoscenza, rischiamo di perderne il significato.

Nella Bibbia leggiamo di porgere l'altra guancia se qualcuno ci colpisce o se qualcuno ci chiede una tunica, di dargli anche il mantello, o se qualcuno ci costringe ad andare con lui uno miglio di farne con lui pure due. La maggior parte delle persone pensano che sia giusto vendicarsi, eppure Dio ci chiede di amare anche i nostri nemici, umiliarci, e servire gli altri (Matteo 5:39-44).

Per questo dobbiamo rompere tutti i nostri schemi, le strutture del nostro pensiero e prendere la parola di Dio solo all'interno dell'ispirazione dello Spirito Santo. Solo allora la parola di Dio diverrà la nostra vita e la nostra forza, solo allora saremo in grado di liberarci dalla falsità e guidati sulla via della vita eterna.

In linea generale, la carne arrostita sul fuoco, oltre a essere un ottimo metodo di cottura perché uccide tutti i germi e i batteri prevenendo così potenziali infezioni, ha anche un sapore migliore. Satana non potrà nulla contro quei credenti che sapranno trovare la parola di Dio più dolce del miele.

Infine, Dio disse loro di mangiare la testa, le gambe e le interiora. Tutto. Per noi questo ha un significato univoco: prendere, credere e meditare su tutti e 66 libri della Bibbia, senza lasciarne fuori neanche uno.

La Bibbia contiene il racconto completo dell'origine della creazione e della provvidenza di Dio per la coltura umana. La Bibbia spiega come diventare veri figli di Dio. La Bibbia contiene la provvidenza della salvezza che era nascosta da prima dei secoli. La Bibbia porta in sé la volontà di Dio.

Pertanto, "mangiare testa, gambe e viscere" significa "prendere la Bibbia nella sua interezza" dal libro della Genesi all'Apocalisse.

Non lasciate avanzi al mattino, mangiate velocemente

Le famiglie di Israele mangiarono l'agnello arrostito sul fuoco chiusi nelle proprie case e non lasciarono avanzi fino al mattino. Esodo 12:10 dice: *"Non lasciatene avanzo alcuno fino alla mattina. Quello che sarà rimasto fino alla mattina, bruciatelo con il fuoco".*

Per "mattina" si intende quel momento in cui, dopo la notte, il buio se ne va e luce arriva. Spiritualmente, questo passaggio si riferisce al tempo della seconda venuta del Signore. Dopo il suo ritorno, non potremo più preparare il nostro olio (Matteo 25:1-13), ecco perché occorre osservare la parola di Dio con diligenza e praticarla prima che il Signore Gesù ritorni.

La vita dell'uomo ha un corso medio che è breve, 70 o 80 anni al massimo, e inoltre, noi non sappiamo quando la nostra vita finirà. Ecco perché la parola di Dio va praticata sempre e diligentemente.

Il popolo d'Israele sarebbe uscito dall'Egitto dopo la piaga della morte dei primogeniti, per questo Dio ordinò loro di mangiare in fretta.

> *Mangiatelo in questa maniera: con i vostri fianchi cinti, con i vostri calzari ai piedi e con il vostro bastone in mano; e mangiatelo in fretta: è la Pasqua del SIGNORE* (Esodo 12:11).

Ciò significa che dovevano essere pronti a partire in qualsiasi momento, che dovevano essere vestiti e calzati.

Al fine di ricevere la salvezza per mezzo di Gesù Cristo in questo mondo, che è come l'Egitto afflitto da dolori, e entrare nel regno celeste, che è come la terra promessa di Canaan, anche noi dobbiamo essere sempre vigili e sempre pronti.

Non solo, Dio chiese agli Israeliti di tenere in mano il loro bastone, chiaro simbolo spirituale della fede. Quando camminiamo o scaliamo una montagna, se abbiamo un bastone, sarà tutto molto più semplice e sicuro, ci consentirà di non cadere.

La ragione per cui Dio diede a Mosè un bastone va ritrovata nel fatto che lui non aveva ricevuto lo Spirito Santo nel cuore. Non era ancora il tempo. Ecco perché Dio fornì a Mosè il bastone, che rappresentava, spiritualmente parlando, la sua fede. In questo modo il popolo di Israele sperimentò la potenza di Dio, per mezzo di un bastone che fosse visibile con i loro occhi, e tramite cui Mosè operò i miracoli in Egitto.

Per vivere in eterno nel regno celeste, dobbiamo possedere la fede spirituale. Stessa cosa per la salvezza: è nostra solo quando crediamo nel Signore Gesù Cristo, che è morto sulla croce, senza peccato ed è risorto. La salvezza sarà completa solo quando pratichiamo la parola di Dio, mangiando la carne del Signore e bevendo il Suo sangue.

Inoltre, il giorno in cui il Signore tornerà è davvero molto vicino. Solo obbedendo alla parola di Dio e pregando con fervore siamo in grado di avere la vittoria nelle battaglie contro le forze delle tenebre.

Perciò prendete la completa armatura di Dio, affinché possiate resistere nel giorno malvagio, e restare in piedi dopo aver compiuto tutto il vostro dovere. State dunque saldi: prendete la verità per cintura dei vostri fianchi; rivestitevi della corazza della giustizia; mettete come calzature ai vostri piedi lo zelo dato dal vangelo della pace; prendete oltre a tutto ciò lo scudo della fede, con il quale potrete spegnere tutti i dardi infocati del maligno. Prendete anche l'elmo della salvezza e la spada dello Spirito, che è la parola di Dio (Efesini 6:13-17).

Capitolo 8

Circoncisione e Santa Cena

Esodo 12:43-51

Il SIGNORE disse a Mosè e ad Aaronne: "Questa è la norma della Pasqua: Nessuno straniero ne mangi, ma ogni schiavo che avrai comprato potrà mangiarne, dopo essere stato circonciso. Lo straniero di passaggio e il mercenario non potranno mangiarne. Si mangi ogni agnello per intero in una casa. Non portate fuori casa nulla della sua carne e non gli spezzate neanche un osso. Tutta la comunità d'Israele celebri la Pasqua. Quando uno straniero soggiornerà con te e vorrà fare la Pasqua in onore del SIGNORE, siano prima circoncisi tutti i maschi della sua famiglia. Poi venga pure a fare la Pasqua, e sia come un nativo del paese; ma nessun incirconciso ne mangi. Vi sia un'unica legge per il nativo del paese e per lo straniero che soggiorna in mezzo a voi". Tutti i figli d'Israele fecero così; fecero come il SIGNORE aveva ordinato a Mosè e ad Aaronne. Quello stesso giorno il SIGNORE fece uscire i figli d'Israele, ordinati per schiere, dal paese d'Egitto.

Sono ormai 3.500 anni che la Pasqua viene celebrata ogni anno. Di certo è la festa con la storia continuativa più lunga, sicuramente la più importante per gli ebrei, perché celebra la fondazione della nazione di Israele.

Pasqua, in ebraico פסח (Pesach) significa, letteralmente, passare sopra o perdonare qualcosa, a dichiarare che l'ombra delle tenebre che castigava il primogenito di ogni famiglia, passò oltre le case di Israele i cui stipiti e gli architrave erano segnati dal sangue dell'agnello.

In Israele, per la festa della Pasqua, ancora oggi, le case vengono pulite da cima a fondo e in quel periodo il pane levitato viene bandito dalla tavola. Non solo, la casa viene proprio ispezionata alla ricerca di eventuali briciole o resti di pane levitato o snack che contengano lievito, sotto i letti o dietro i mobili. La sera della ricorrenza, ogni famiglia mangia secondo le norme della Pasqua mentre il capo della casa narra il passaggio e il perché si celebra, ricordando l'Esodo.

"Perché mangiamo Matzo (pane non lievitato) stasera?".

"Perché mangiamo Maror (erbe amare) stasera?".

"Perché mangiamo il prezzemolo dopo averlo immerso in acqua salata due volte? Perché mangiamo erbe amare con Aroset (Una marmellata di colore rossastro, che simboleggia la cottura dei mattoni in Egitto)?".

"Perché consumiamo il pasto pasquale sdraiati?".

Chi guida la cerimonia spiega che va mangiato del pane azzimo perché gli ebrei dovettero lasciare l'Egitto in tutta fretta. Che le erbe amare sono consumate per ricordare il dolore della schiavitù in Egitto, e il prezzemolo immerso in acqua salata per ricordare le lacrime che hanno versato nella terra dei faraoni.

Ma ora, ora che i padri sono stati liberati dalla schiavitù, ecco che questo pasto va consumato sdraiati, perché adesso sono liberi, e così possono esprimere la loro gioia di essere non più schiavi tanto da avere la libertà e la gioia di stare sdraiati. Durante il racconto delle dieci piaghe, tutti i membri della famiglia hanno in bocca un poco di vino e, alla menzione di ogni piaga, sputano il vino in una ciotola a parte.

La Pasqua ha avuto luogo 3.500 anni fa, ma con il pasto pasquale, anche i bambini hanno la possibilità di ricordare l'Esodo. Gli ebrei osservano ancora nello stesso modo questa celebrazione e questo banchetto che Dio aveva stabilito per loro migliaia di anni fa.

Il potere della diaspora, cioè la riunione di tutti gli ebrei sparsi nel mondo come un solo popolo, trova le sue origini in questa festa.

Qualifiche per i partecipanti alla Pasqua

Gli israeliti scamparono alla notte della piaga dei primogeniti perché obbedirono al comando di Dio. Ma, per partecipare alla Pasqua, dovevano soddisfare alcune condizioni.

> *Il SIGNORE disse a Mosè e ad Aaronne: "Questa è la norma della Pasqua: Nessuno straniero ne mangi, ma ogni schiavo che avrai comprato potrà mangiarne, dopo essere stato circonciso. Lo straniero di passaggio e il mercenario non potranno mangiarne. Si mangi ogni agnello per intero in una casa. Non portate fuori casa nulla della sua carne e non gli spezzate neanche un osso. Tutta la comunità d'Israele celebri la Pasqua. Quando uno straniero soggiornerà con te e vorrà fare la Pasqua in onore del SIGNORE, siano prima circoncisi tutti i maschi della sua famiglia. Poi venga pure a fare la Pasqua, e sia come un nativo del paese; ma nessun incirconciso ne mangi. Vi sia un'unica legge per il nativo del paese e per lo straniero che soggiorna in mezzo a voi"* (Esodo 12:43-49).

Solo i circoncisi potevano mangiare il cibo preparato per la Pasqua. La circoncisione era fondamentale per la vita degli israeliti, e, spiritualmente, è un simbolo legato alla questione della salvezza.

La circoncisione è la rimozione di parte (o dell'intero) prepuzio. Viene effettuata l'ottavo giorno dalla nascita di tutti i bambini maschi di Israele.

Genesi 17:9-10 dice: Poi Dio disse ad Abraamo: *"Quanto a te, tu osserverai il mio patto: tu e la tua discendenza dopo di te, di generazione in generazione. Questo è il mio patto che voi osserverete, patto fra me e voi e la tua discendenza dopo di te: ogni maschio tra di voi sia circonciso".*

Quando Dio ha stabilito il suo patto con Abramo, il padre della fede, gli chiese di eseguire la circoncisione come segno di accettazione del patto con Lui. Chi non era circonciso non poteva godere della benedizione inclusa nel patto.

Sarete circoncisi; questo sarà un segno del patto fra me e voi. All'età di otto giorni, ogni maschio sarà circonciso tra di voi, di generazione in generazione: tanto quello nato in casa, quanto quello comprato con denaro da qualunque straniero e che non sia della tua discendenza. Quello nato in casa tua e quello comprato con denaro dovrà essere circonciso; il mio patto nella vostra carne sarà un patto perenne. L'incirconciso, il maschio che non sarà stato circonciso nella carne del suo prepuzio, sarà tolto via dalla sua gente: egli avrà violato il mio patto (Genesi 17:11-14).

Perché proprio l'ottavo giorno?

Quando un bambino è appena nato dopo essere stato nel grembo della madre per nove mesi, non è facile per lui adattarsi a tutte le novità che lo circondano, perché l'ambiente è molto diverso. Le sue cellule sono ancora deboli, ma dopo sette giorni, iniziano a entrare in confidenza con il nuovo ambiente, pure non essendo ancora del tutto attive.

Se il prepuzio viene tagliato in questo momento, il dolore è minimo, e il taglio si chiuderà molto rapidamente. Crescendo la pelle sarà più spessa e questa semplice operazione sarebbe troppo dolorosa.

Dio comandò agli Israeliti di praticare la circoncisione l'ottavo giorno dopo la nascita, proprio perché è il momento migliore per poterla effettuare.

Circoncisione, direttamente connessi con la Vita

Esodo 4:24-26 dice: *"Mentre si trovava in viaggio, il SIGNORE gli venne incontro nel luogo dov'egli pernottava, e cercò di farlo morire. Allora Sefora prese una selce tagliente, recise il prepuzio di suo figlio e con quello gli toccò i piedi di Mosè, dicendo: 'Tu sei per me uno sposo di sangue!' Allora il SIGNORE lo lasciò. Lei aveva detto: 'Sposo di sangue!', a causa della circoncisione".*

Perché Dio cercò di uccidere Mosè?
La risposta a questa domanda si nasconde nella storia personale di Mosè, nella sua nascita e crescita. Mosè nacque durante il periodo terribile in cui il contenimento delle nascite

degli israeliti era stato adottato per legge, tanto che ogni nuovo nato maschio doveva essere ucciso.

La madre di Mosè, però, decise di nasconderlo. Lo mise in un cesto di vimini lo posizionò in una secca del Nilo. La provvidenza di Dio fece sì che una principessa egiziana lo vide, lo salvò dalle acque del fiume e lo adottò, tanto che Mosè stesso divenne principe. Ecco il motivo per cui non era circonciso.

Lui, chiamato a essere il leader dell'Esodo, non era circonciso. Fu a motivo di ciò, che l'angelo dell'Eterno cercò di ucciderlo. Allo stesso modo, la circoncisione è direttamente correlata con la vita, se non si era circoncisi, non si poteva avere a che fare con Dio.

Ebrei 10:1 dice: *"La legge, infatti, possiede solo un'ombra dei beni futuri, non la realtà stessa delle cose"*. Perciò con quei sacrifici, che sono offerti continuamente, anno dopo anno, essa non può rendere perfetti coloro che si avvicinano a Dio.

Quando l'autore della lettera agli Ebrei dice "la legge", fa riferimento al Vecchio Testamento, e quando parla delle "cose a venire" al Nuovo Testamento, cioè alla Buona Novella venuta per mezzo di Gesù Cristo.

Ombra e immagine originale sono uno, e non possono esistere separatamente. Di conseguenza, il comandamento di Dio riguardo la circoncisione nell'Antico Testamento (in sostanza il requisito del patto di Dio con l'uomo) si applica anche a noi oggi.

Solo che, a differenza del Vecchio Testamento, non vi è una circoncisione circoncisione fisica, ma spirituale, e cioè, la circoncisione del cuore.

La circoncisione fisica e la circoncisione del cuore

Romani 2:28-29 dice: *"Giudeo infatti non è colui che è tale all'esterno; e la circoncisione non è quella esterna, nella carne; ma Giudeo è colui che lo è interiormente; e la circoncisione è quella del cuore, nello spirito, non nella lettera; di un tale Giudeo la lode proviene non dagli uomini, ma da Dio"*. La circoncisione fisica è solo un'ombra della sua immagine originale come presentata nel Nuovo Testamento, e cioè, la circoncisione del cuore, il requisito essenziale per la nostra salvezza.

Ai tempi dell'Antico Testamento, lo Spirito Santo non era ancora stato donato e quindi non era possibile estirpare la malvagità e la falsità dal proprio cuore. Si dimostrava l'appartenenza a Dio attraverso la circoncisione fisica. Adesso, che viviamo coperti da un nuovo patto, nel Nuovo Testamento, quando accettiamo Gesù Cristo, lo Spirito Santo viene nel nostro cuore e ci aiuta a vivere secondo la verità, rendendoci capaci di estirpare ogni falsità e malvagità che ancora sono radicate nel nostro cuore.

Circoncidere il cuore oggi è esattamente come aver obbedito al comando della circoncisione fisica prevista nell'Antico Testamento. Non solo, è un modo di osservare la Pasqua.

Circoncidetevi per il SIGNORE, circoncidete i vostri cuori, uomini di Giuda e abitanti di Gerusalemme (Geremia 4:4).

Che cosa significa circoncidere il proprio cuore? [ndt. togliere il prepuzio del proprio cuore.] Come si fa? Osservando e mantenendo tutto ciò che la parola di Dio ci chiede di fare e non fare, trattenendo ciò che è buono, gettando via il male.

Non solo non facciamo le cose che Dio ci dice di non fare, come non odiare, non giudicare o condannare, non rubare, e non commettere adulterio, ma, anche, gettiamo via (o tratteniamo) dal nostro cuore ciò che Egli richiede da noi, come ogni forma di male, osservare il sabato e tutti i comandamenti di Dio.

E ancora, predicare il Vangelo, pregare, perdonare, amare tutti indistintamente. Così, allontaniamo da noi tutte falsità, il male, l'ingiustizia, l'illegalità e le tenebre dal nostro cuore, che, una volta ripulito, potremo riempire con la verità.

Circoncisione del cuore e salvezza completa

La Pasqua al tempo di Mosè fu istituita per gli Israeliti, per evitare la morte del primogenito prima dell'Esodo. Di conseguenza, è chiaro che aver partecipato alla Pasqua non significa essere salvati vita natural durante.

Se così fosse, tutti gli Israeliti fuoriusciti dal paese d'Egitto avrebbero potuto entrare nella terra dove scorrevano latte e miele, la terra di Canaan.

La realtà è che nessuno tra gli adulti, vale a dire tra quelli che durante l'Esodo avevano sopra i 20 anni, ad eccezione di Giosuè e Caleb, mostrò la fede e l'obbedienza che da essa conseguono. Quella generazione vagò nel deserto per quarant'anni e morì lì, senza vedere la terra di Canaan.

Così oggi, anche se abbiamo accettato Gesù Cristo, e siamo diventati figli di Dio, non abbiamo nessuna garanzia sul tempo. Significa solo che siamo entrati all'interno dei confini della salvezza.

Perciò, come per gli israeliti ci vollero quaranta anni di prove per entrare nella terra di Canaan, per ricevere la salvezza definitiva abbiamo bisogno di passare attraverso un processo di circoncisione del cuore attraverso la parola di Dio.

Una volta accettato Gesù Cristo come nostro personale Salvatore, riceviamo lo Spirito Santo. Tuttavia, ricevere lo Spirito Santo non significa automaticamente che il nostro cuore è immediatamente pulito. Dobbiamo continuare a circoncidere il nostro cuore e a conservarlo pulito, in quanto esso è la sorgente della vita stessa. Solo così raggiungiamo la salvezza completa.

Centralità della circoncisione del cuore

La parola di Dio è l'unico mezzo per mondare il nostro cuore dal peccato e dal male. La parola di Dio, infatti, è come una spada che, con l'ausilio dello Spirito Santo, ci santifica, in modo che possiamo condurre una vita priva di disastri.

Un'altra ragione per cui dobbiamo circoncidere il nostro cuore è per uscire vittoriosi dalla guerra spirituale. Anche se il mondo spirituale è invisibile e noi non possiamo vederle, ci sono battaglie continue e feroci tra gli spiriti di bontà che appartengono a Dio e gli spiriti maligni.

Efesini 6:12 dice: *"Il nostro combattimento infatti non è contro sangue e carne, ma contro i principati, contro le potenze, contro i dominatori di questo mondo di tenebre, contro le forze spirituali della malvagità, che sono nei luoghi celesti".*

Per ottenere la vittoria in questa battaglia spirituale abbiamo assolutamente bisogno di cuori puliti. Tenete a mente che nel mondo spirituale, il potere risiede nell'assenza di peccato. Questo è il motivo per cui Dio vuole la circoncisione del nostro cuore.

Carissimi, se il nostro cuore non ci condanna, abbiamo fiducia davanti a Dio; 22 e qualunque cosa chiediamo la riceviamo da lui, perché osserviamo i suoi comandamenti e facciamo ciò che gli è gradito (1 Giovanni 3:21-22).

Per permetterci di ricevere le risposte ai problemi della vita, come le malattie e la povertà, dobbiamo circoncidere i nostri cuori. Solo quando avremo un cuore puro e fiducia completa in

Dio, riceveremo qualsiasi cosa chiediamo.

Pasqua e la Santa Cena

Possiamo parlare di Pasqua e parteciparvi solo dopo essere stati circoncisi. In sostanza, questo è il legame con la Santa Cena, per noi, oggi. La Pasqua è la festa in cui il pasto è a base di carne di agnello. Nella Santa Cena mangiamo il pane e vivo a simboleggiare il corpo – la carne e il sangue – di Gesù.

Perciò Gesù disse loro: "In verità, in verità vi dico che se non mangiate la carne del Figlio dell'uomo e non bevete il suo sangue, non avete vita in voi. Chi mangia la mia carne e beve il mio sangue ha vita eterna; e io lo risusciterò nell'ultimo giorno" (Giovanni 6:53-54).

Qui, il 'Figlio dell'uomo' si riferisce a Gesù, la carne del Figlio dell'uomo si riferisce ai 66 libri della Bibbia, mangiare la carne del Figlio dell'uomo significa prendere la parola della verità di Dio scritta nella Bibbia.

Inoltre, proprio come abbiamo bisogno di liquidi per aiutare la digestione del cibo, quando mangiamo la carne del Figlio dell'uomo, dobbiamo anche bere allo stesso tempo, in modo che possa essere digerito bene.

'Bere il sangue del Figlio dell'uomo' significa credere

veramente e praticare la parola di Dio. Dopo aver ascoltato e aver conosciuto la Parola, se non la pratichiamo, questa diventa assolutamente inutile per noi.

Quando comprendiamo la parola di Dio come rivelata nei 66 libri della Bibbia, quando la mettiamo pratica, la verità inizierà ad abitare stabilmente nel nostro cuore e noi ad assorbirla, proprio come gli elementi nutritivi vengono assorbiti dal corpo. Continuando con la stessa metafora, i peccati e il male diverranno come rifiuti, materiale di scarto e noi sempre più di uomini di verità per ottenere la vita eterna.

Per esempio, se prendiamo il nutriente della verità chiamato 'amore' e lo pratichiamo, lo assorbiremo a tal punto che inizierà a far parte del nostro sistema. Le cose che sono in opposizione all'amore, come l'odio, l'invidia, la gelosia, diverranno come rifiuti, scarti di cui ci libereremo.

Infine, arriveremo ad avere un cuore d'amore perfetto, ricolmo di pace e di giustizia, in cui non ci sarà spazio per liti, conflitti, dissensi, divisioni, risentimenti e ingiustizia.

Qualifiche per partecipare alla Santa Cena

Al tempo dell'Esodo, solo i circoncisi erano ammessi alla Pasqua, unica via d'uscita per scampare alla morte del primogenito. Allo stesso modo, oggi, quando accettiamo Gesù Cristo come nostro Salvatore e riceviamo lo Spirito Santo, siamo suggellati come figli di Dio, e abbiamo il diritto di partecipare alla Santa Cena.

Come già accennato, la Pasqua era solo un salvacondotto per la salvezza dalla morte del primogenito. Dovevano ancora marciare nel deserto per la salvezza completa. Allo stesso modo, anche se abbiamo ricevuto lo Spirito Santo e partecipiamo alla Santa Cena, il processo per ricevere la salvezza eterna è solo iniziato. Dal momento che abbiamo varcato la porta della salvezza accettando Gesù Cristo, dobbiamo obbedire alla parola di Dio nella nostra vita. Solo in questo modo marciamo verso le porte del regno dei cieli e la salvezza eterna.

Se pecchiamo, non possiamo partecipare alla Santa Cena, cioè non possiamo mangiare la carne e bere il sangue del Signore che è Santo. Per prima cosa, è necessario esaminare noi stessi, pentirci di tutti i peccati che abbiamo commesso, e purificare il nostro cuore a partecipare alla Santa Cena.

Perciò, chiunque mangerà il pane o berrà dal calice del Signore indegnamente, sarà colpevole verso il corpo e il sangue del Signore. Ora ciascuno esamini se stesso, e così mangi del pane e beva dal calice; poiché chi mangia e beve, mangia e beve un giudizio contro se stesso, se non discerne il corpo del Signore (1 Corinzi 11:27-29).

Alcuni dicono che solo coloro che sono battezzati in acqua possono partecipare alla Santa Cena. Ma quando accettiamo

Gesù Cristo, riceviamo lo Spirito Santo come dono. Abbiamo tutti il diritto di diventare figli di Dio.

Quindi, se abbiamo ricevuto lo Spirito Santo e siamo diventati figli di Dio, siamo anche autorizzati a partecipare alla Santa Cena, dopo il pentimento dei nostri peccati, anche se non abbiamo ancora ricevuto il battesimo con l'acqua.

Attraverso la Santa Cena, ancora una volta ricordiamo la grazia del Signore che fu appeso alla croce e ha versato il suo sangue per noi.

1 Corinzi 11:23-25 dice: *"Poiché ho ricevuto dal Signore quello che vi ho anche trasmesso; cioè, che il Signore Gesù, nella notte in cui fu tradito, prese del pane, e dopo aver reso grazie, lo ruppe e disse: 'Questo è il mio corpo che è dato per voi; fate questo in memoria di me'. Nello stesso modo, dopo aver cenato, prese anche il calice, dicendo: 'Questo calice è il nuovo patto nel mio sangue; fate questo, ogni volta che ne berrete, in memoria di me'".*

Quindi, vi esorto a capire il vero significato della Pasqua e della Santa Cena e a mangiare diligentemente la carne e bere il sangue del Signore, in modo da poter estirpare ogni forma di male e compiere la circoncisione del cuore. Completamente.

Capitolo 9

Esodo e la Festa dei Pani Azzimi

Esodo 12:15-17

Per sette giorni mangerete pani azzimi. Fin dal primo giorno toglierete ogni lievito dalle vostre case; perché, chiunque mangerà pane lievitato, dal primo giorno fino al settimo, sarà tolto via da Israele. Il primo giorno avrete una riunione sacra, e un'altra il settimo giorno. Non si faccia nessun lavoro in quei giorni; si prepari soltanto quello che è necessario a ciascuno per mangiare, e non altro. Osservate dunque la festa degli Azzimi; poiché in quello stesso giorno io avrò fatto uscire le vostre schiere dal paese d'Egitto; osservate dunque quel giorno di età in età, come un'istituzione perenne.

"Perdoniamo, ma non dimentichiamo"

Questa citazione è tratta da una frase scritta all'ingresso del Museo dell'Olocausto di Yad Vashem a Gerusalemme. Serve a conservare la memoria dei milioni di ebrei uccisi dai nazisti durante la seconda guerra mondiale. A monito, perché mai più si ripeta.

La storia di Israele è una storia di ricordi. Nella Bibbia, Dio dice loro di ricordare il passato, di tenerlo a mente e conservarlo per le generazioni successive.

Dopo che gli Israeliti scamparono dalla piaga della morte del primogenito attraverso l'osservazione della Pasqua e uscirono dall'Egitto, Dio disse loro di osservare la festa degli azzimi. Questa festa sarebbe per sempre servita a ricordare il giorno che fu spezzato il gioco della schiavitù d'Egitto.

Significato spirituale dell'Esodo

Il giorno dell'esodo non fu solo il giorno in cui il popolo di Israele recuperò la libertà migliaia di anni fa.

L'Egitto in cui gli Israeliti vivevano in schiavitù, simboleggia il mondo, questo mondo, che è sotto il controllo del diavolo, il nemico, Satana. Proprio come gli Israeliti in Egitto furono perseguitati e maltrattati perché schiavi, le persone che non conoscono Dio su questa terra, soffrono di dolori a causa del nemico, il diavolo, Satana.

Gli Israeliti furono testimoni diretti delle dieci piaghe e anche attraverso tutto questo conobbero Dio e si fidarono nel seguire Mosè fuori dall'Egitto per andare nella terra di Canaan, quella che Dio aveva promesso al loro antenato Abramo.

Così sono le persone oggi, che prima di accogliere Gesù, vivevano senza conoscere Dio.

Gli Israeliti usciti dall'Egitto, dove erano schiavi, sono paragonabili a quanti provengono dalla schiavitù del diavolo e, accettando Gesù Cristo, diventano figli di Dio.

Inoltre, il viaggio degli Israeliti nella terra di Canaan, dove scorrono latte e miele, non è diverso da quello dei credenti che fanno il cammino di fede verso il regno dei cieli.

Verso la terra di Canaan, dove scorrono latte e miele

Dio non guidò gli Israeliti direttamente dall'Egitto alla terra di Canaan. Non fu un viaggio, ma un processo. Lungo la via più breve per Canan avrebbero incontrato un popolo molto forte, i Filistei. Per arrivare in Canan, seguendo la via più breve, gli Israeliti avrebbero dovuto combattere contro i Filistei che erano molto forti.

Dio sapeva che, se l'avessero fatto, coloro che non avevano fede, sarebbero voluti tornare in Egitto. Per questo li fece passare per il deserto.

Allo stesso modo, coloro che hanno appena accettato

Gesù Cristo non hanno ancora la vera fede, non succede immediatamente. Se dei nuovi credenti si trovano ad affrontare una prova grande (come poteva essere grande la nazione potente dei Filistei) e non la superano, potrebbero abbandonare la fede.

Questo è il motivo per cui Dio dice: *"Nessuna tentazione vi ha còlti, che non sia stata umana; però Dio è fedele e non permetterà che siate tentati oltre le vostre forze; ma con la tentazione vi darà anche la via di uscirne, affinché la possiate sopportare"* (1 Corinzi 10:13).

Proprio come gli Israeliti hanno marciato nel deserto fino a raggiungere la terra di Canaan, dopo che noi diventiamo suoi figli, Egli ci pone davanti il cammino di fede, quello che arriva fino al regno dei cieli, la terra di Canaan.

Il deserto fu un processo duro, anche per quanti la fede l'avevano, però nessuno volle tornare veramente in Egitto, perché nulla è come libertà, la pace, e l'abbondanza della terra di Canaan. La stessa cosa vale per noi oggi.

Anche se a volte ci troviamo a marciare su una via stretta e tortuosa, non consideriamo la corsa della fede difficile, ma vinciamo tutto con l'aiuto e la potenza di Dio, guardando alla gloria del cielo.

E fu così, che infine, il popolo di Israele iniziò il suo viaggio verso la terra di Canaan, la terra dove scorrevano latte e miele. Si lasciavano dietro una nazione in cui avevano vissuto per più di 400 anni. Iniziarono una marcia di fede sotto la guida di Mosè.

Il numero degli Israeliti che si affrettavano a partire era

infinito. C'erano gruppi incaricati di raggruppare il bestiame, altri le stoffe, altri l'argento e l'oro che avevano ricevuto dagli egiziani. Alcuni erano incaricati della conservazione della pasta non lievitata, mentre altri ancora si prendevano cura dei bambini piccoli e degli anziani.

I figli d'Israele partirono da Ramses per Succot, in numero di circa seicentomila uomini a piedi, senza contare i bambini. Una folla di gente di ogni specie salì anch'essa con loro. Avevano pure greggi, armenti, bestiame in grandissima quantità. Fecero cuocere la pasta che avevano portata dall'Egitto, e ne fecero delle focacce azzime, perché la pasta non era lievitata. Cacciati dall'Egitto, non avevano potuto indugiare né prendere provviste (Esodo 12:37-39).

In questo giorno i loro cuori erano pieni di libertà, di speranza e di salvezza. Per celebrare questo giorno, Dio comandò loro di osservare la festa degli azzimi da ora e per tutte le generazioni che sarebbero seguite.

Festa dei Pani Azzimi

Oggi, noi cristiani, celebriamo la Pasqua al posto della Festa dei Pani Azzimi, per rendere grazie a Dio del perdono di tutti i nostri peccati attraverso la crocifissione di Gesù, e per ricordare la nostra

Esodo e la Festa dei Pani Azzimi · 133

uscita dalle tenebre verso la luce, attraverso la sua risurrezione.

La Festa del Pane Azzimo è una delle tre grandi feste che si celebrano in Israele, ed è stata istituita per commemorare l'uscita dall'Egitto per mano di Dio. La commemorazione comprende che, a partire dalla notte di Pasqua, si mangi pane senza lievito per sette giorni.

Il Faraone e l'Egitto dovettero soffrire le dieci piaghe, fin alla morte del primogenito in cui Faraone stesso perse il suo primo figlio, per decidere di lasciare andare gli Israeliti. Dopo la morte di suo figlio, il faraone chiamò in tutta fretta Mosè e Aronne dicendo loro di lasciare l'Egitto immediatamente.

Dovendo lasciare il paese in fretta e furia, non vi fu tempo di levitare il pane per il viaggio, ed è questa la ragione per cui si mangia pane azzimo. Non solo, Dio diede loro ordine di mangiare pane azzimo in modo che potessero ricordare i momenti di sofferenza e rendere grazie di essere stati liberati dalla schiavitù.

La Pasqua è la festa che commemora l'essere scampati alla morte dei primogeniti, si mangiano agnello, erbe amare e pane azzimo. La festa degli Azzimi, invece, serve a ricordare che per una settimana gli israeliti nel deserto, dopo essere usciti in tutta fretta dall'Egitto, mangiarono solo pane non levitato.

Oggi, gli ebrei, per osservare la Pasqua e la festa dei Pani Azzimi, si concedono una settimana di ferie.

Non mangerai con queste offerte pane lievitato;
per sette giorni le mangerai con pane azzimo, pane
d'afflizione, poiché uscisti in fretta dal paese d'Egitto,

affinché per tutta la vita ti ricordi del giorno che uscisti dal paese d'Egitto (Deuteronomio 16:3).

Significato spirituale della festa degli Azzimi

Per sette giorni mangerete pani azzimi. Fin dal primo giorno toglierete ogni lievito dalle vostre case; perché, chiunque mangerà pane lievitato, dal primo giorno fino al settimo, sarà tolto via da Israele (Esodo 12:15).

Con "primo giorno" si fa riferimento al giorno della salvezza. Dopo essere stati salvati dalla morte del primogenito e usciti dall'Egitto, gli Israeliti dovevano mangiare pane azzimo per sette giorni. Allo stesso modo, dopo aver accettato Gesù Cristo e ricevuto lo Spirito Santo, dobbiamo mangiare del pane azzimo spirituale per completare la salvezza.

Spiritualmente mangiare pane azzimo significa abbandonare il mondo e imboccare la via stretta. Dopo che accettiamo Gesù Cristo, dobbiamo abbassare noi stessi e iniziare il percorso della via stretta, per completare la nostra salvezza con un cuore umile.

Mangiare pane lievitato al posto del pane azzimo significa camminare su una strada larga e agevole alla ricerca delle cose senza senso di questo mondo. Ovviamente, chi percorre questo cammino non riceverà la salvezza. È in riferimento a questo che Dio disse: quelli che mangiano pane lievitato saranno tagliati fuori da Israele.

Cosa impariamo, noi, oggi, dalla festa degli Azzimi?

In primo luogo, dobbiamo ricordare sempre e rendere grazie per l'amore di Dio e la grazia della salvezza che abbiamo ricevuto liberamente nella redenzione di Gesù Cristo.

Gli Israeliti ricordano i tempi della schiavitù in Egitto mangiando il pane senza lievito per sette giorni e rendendo grazie a Dio per averli salvati. Allo stesso modo, noi credenti, che siamo gli Israeliti spirituali, ricordiamo la grazia e l'amore di Dio che ci ha guidato per la via della vita eterna e rendiamo grazie per questo privilegio.

Dobbiamo ricordare il giorno in cui abbiamo incontrato il Signore e sperimentato Dio personalmente, il giorno in cui siamo nati di nuovo di acqua e di Spirito e rendere sempre grazie a Dio in ricordo della Sua grazia. Questo è ciò che significa oggi, spiritualmente, osservare la Festa dei Pani Azzimi. Se nel vostro cuore è presente bontà, non potrete mai e poi mai dimenticare la grazia che avete ricevuto dal Signore. Questo è il dovere di ogni uomo. Questo è ciò che proviene da un cuore colmo di bontà.

Se questa è la vostra costante attitudine, non importa quanto sia difficile la realtà, non potrete mai dimenticare l'amore e la grazia, ringrazierete sempre il Signore per ciò che vi ha donato, gioendo.

Come fece Abacuc, durante il regno del re Giosia, intorno al 600 ac.

> *Anche se il fico non fiorirà, non ci sarà più frutto nelle vigne; il prodotto dell'ulivo verrà meno, i campi non daranno più cibo, le greggi verranno a mancare negli ovili, e non ci saranno più buoi nelle stalle; io mi rallegrerò nel SIGNORE, esulterò nel Dio della mia salvezza* (Abacuc 3:17-18).

Il profeta Abacuc sapeva che il suo paese, Giuda, stava per soccombere sotto i Caldei (i Babilonesi), ma invece di cadere nella disperazione, offrì lodi di ringraziamento a Dio.

Allo stesso modo, a prescindere dalla nostra situazione o dalla condizione in cui noi viviamo, anche solo con il fatto che siamo stati salvati per grazia, senza alcun costo, possiamo e dobbiamo sempre essere grati a Lui dal profondo dei nostri cuori.

In secondo luogo, la nostra vita di fede deve avanzare, non possiamo condurre una vita cristiana che non progredisce.

Se conduciamo una vita cristiana poco entusiasta, un'esistenza stagnante, senza movimento o cambiamento, tanto valeva restare come eravamo. Se questo è il caso, significa che la nostra fede è tiepida, un pro-forma, che il nostro cuore non è circonciso davvero.

Se siamo freddi, Dio ci punirà, in modo che possiamo tornare a lui, cambiare, rinnovarci. Ma se siamo tiepidi, significa che ci siamo compromessi con il mondo e non abbiamo nessuna intenzione di estirpare il peccato che vive in noi. In questa situazione non vogliamo facilmente lasciare Dio completamente perché abbiamo ricevuto lo Spirito Santo e conosciamo la realtà del paradiso e dell'inferno.

Se ci sentiamo in difetto, se ci identifichiamo con questo quadro, preghiamo, prima di divenire totalmente tiepidi, prima che qualsiasi entusiasmo ci abbandoni, prima che anche le sensazioni di angoscia e ansia scompaiano e diventiamo totalmente insensibili alla voce di Dio.

"Così, perché sei tiepido e non sei né freddo né fervente, io ti vomiterò dalla mia bocca" (Apocalisse 3:16). Essere tiepidi equivale a non essere salvati. Questo è il motivo per cui Dio ci chiede di osservare feste diverse di volta in volta, per verificare la nostra fede, così che raggiunga una misura da uomo spirituale adulto e maturo.

In terzo luogo, dobbiamo sempre mantenere la grazia del primo amore. Se l'abbiamo persa, ripensiamo dove siamo caduti, pentiamoci, e recuperiamo rapidamente.

Chi ha accettato il Signore Gesù può sperimentare la grazia del primo amore, e il suo amore, che sono così grandi da rendere ogni giorno della vita di chi li conosce colmo di gioia e felicità.

Proprio come i genitori aspettano che i loro figli crescano, Dio si aspetta che anche i suoi figli abbiano una vita di fede più solida e raggiungano un livello maggiore di misura di fede. Ma, se perdiamo la grazia del primo amore, a un certo punto il nostro entusiasmo e l'amore stesso verranno meno, magari si continua anche a pregare, ma lo si fa solo per senso di dovere.

Fino a quando non raggiungiamo un livello pieno e completo di santificazione, se cediamo il nostro cuore a Satana, rischiamo di perdere il primo amore in qualsiasi momento. Quindi, se pensi di aver perso la grazia e la passione bruciante del primo amore per il Signore, cerca velocemente la ragione per cui questo è accaduto e velocemente pentiti e torna indietro.

Molti dicono che la vita cristiana è come percorre una via stretta e difficile, ma Deuteronomio 30:11 dice: *"Questo comandamento che oggi ti do, non è troppo difficile per te, né troppo lontano da te".*

Quando comprendiamo che l'amore di Dio per noi è immenso e reale, il cammino della vita di fede non è mai difficile. Qualsiasi sofferenza presente non è neanche lontanamente paragonabile alla gloria futura che ci sarà data. Possiamo essere felici anche solo immaginandola questa gloria.

Noi, come credenti che vivono negli ultimi giorni, dobbiamo sempre obbedire alla parola di Dio e vivere nella luce sempre. Se non percorriamo la via larga del mondo, ma la via stretta della fede, allora entreremo nella Terra di Canaan dove scorrono latte e miele.

Dio ci darà la grazia della salvezza e la gioia del primo amore. Egli ci benedirà rendendo la nostra santificazione completa attraverso il nostro cammino di fede, Egli ci permetterà di impossessarci del regno eterno celeste con la forza.

Capitolo 10

Vita di obbedienza e benedizioni

Deuteronomio 28:1-6

Ora, se tu ubbidisci diligentemente alla voce del SIGNORE tuo Dio, avendo cura di mettere in pratica tutti i suoi comandamenti che oggi ti do, il SIGNORE, il tuo Dio, ti metterà al di sopra di tutte le nazioni della terra; e tutte queste benedizioni verranno su di te e si compiranno per te, se darai ascolto alla voce del SIGNORE tuo Dio: Sarai benedetto nella città e sarai benedetto nella campagna. Benedetto sarà il frutto del tuo seno, il frutto della tua terra e il frutto del tuo bestiame; benedetti i parti delle tue vacche e delle tue pecore. Benedetti saranno il tuo paniere e la tua madia. Sarai benedetto al tuo entrare e benedetto al tuo uscire.

La storia dell'Esodo di Israele ci consegna lezioni importanti. Così come il faraone e l'Egitto dovettero passare attraverso piaghe pesanti a motivo della loro disobbedienza, anche il popolo di Israele sulla strada per la terra di Canaan fu messo alla prova e visse difficoltà schiaccianti per poter entrare nella terra promessa e vivere in prosperità, perché era andato contro la volontà di Dio.

Pensate, furono protetti da ogni piaga e gli fu risparmiata la morte dei primogeniti attraverso l'istituzione della Pasqua, eppure, non appena l'acqua da bere e il cibo iniziarono a scarseggiare, durante il cammino verso Canaan, l'unica cosa che seppero fare fu lamentarsi.

Non solo, si costruirono un vitello d'oro e lo adorarono, parlarono in modo disdicevole della Terra Promessa, e presero posizione contro Mosè. Tutto perché non guardavano a Canaan attraverso gli occhi della fede.

Di conseguenza, la prima generazione dell'Esodo, ad eccezione di Giosuè e Caleb, morì per intero, nel deserto. Della vecchia generazione, solo Giosuè e Caleb, che credevano alla promessa di Dio e gli obbedivano senza riserve, entrarono nella terra di Canaan, insieme alla seconda generazione dell'Esodo.

La benedizione di entrare in Canaan

Gli israeliti che uscirono dall'Egitto, la prima generazione dell'Esodo, era una generazione di giudei nata e cresciuta all'interno della cultura gentile d'Egitto. Dopo 400 anni di convivenza con la cultura egizia, avevano perso gran parte della loro fede in Dio, senza contare che molta malvagità si era radicata nei loro cuori a motivo della schiavitù, delle persecuzioni e delle sofferenze.

A differenza di loro, gli Israeliti di seconda generazione, quelli nati poco prima o durante gli anni dell'Esodo, appresero la Parola da piccoli, testimoniarono molte opere potenti di Dio, e anche per questo furono molto diversi dai loro genitori.

La nuova generazione comprese perfettamente perché alla precedente – i loro genitori – non fu concesso di entrare nella terra di Canaan. Sapevano chiaramente perché avevano vagato nel deserto per 40 anni. La nuova generazione era completamente pronta ad obbedire a Dio e al leader preposto con vera fede.

A differenza dei loro genitori, che si lamentavano continuamente, malgrado avessero sperimentato numerose opere di Dio, la nuova generazione promise all'Eterno di obbedirgli pienamente e di completamente obbedire a Giosuè, il leader succeduto a Mosè per volontà di Dio.

Ti ubbidiremo interamente, come abbiamo ubbidito a Mosè. Solamente, sia con te il SIGNORE, il tuo Dio, com'è stato con Mosè! 18 Chiunque sarà ribelle ai tuoi ordini e non ubbidirà alle tue parole, qualunque sia l'ordine che gli darai, sarà messo a morte. Solo, sii forte e coraggioso! (Giosuè 1:17-18).

Vita di obbedienza e benedizioni · 143

I circa 40 anni in cui gli israeliti vagarono nel deserto non furono solo ed esclusivamente mera sofferenza. Fu anche un momento di formazione spirituale, in particolare per la seconda generazione, per quelli che sarebbero entrati nella terra di Canaan. Prima delle benedizioni, Egli ci permette di attraversare dei percorsi di formazione spirituale in modo che la nostra sia una fede vera, perché, senza di essa, non completeremo la salvezza e non entreremo nel regno celeste.

Se Dio ci inondasse di benedizioni prima che la nostra fede sia salda, è probabile che la maggior parte di noi torni al mondo. Nel suo amore, Egli ci mostra opere sorprendenti del suo potere, ci permette di attraversare delle prove, a volte anche dure, in modo che la nostra fede cresca e si consolidi.

Il primo test di obbedienza che la seconda generazione si trovò a fronteggiare fu il Giordano. Questo fiume scorreva tra le pianure di Moab e la terra di Canaan, che in quel particolare momento era in piena e spesso rompeva le sue sponde.

Cosa disse loro Dio, ora che dovevano attraverso un fiume in piena per continuare il cammino? Disse ai sacerdoti di portare l'arca dell'alleanza e di marciare in testa, di essere loro i primi a guadare il fiume. Non appena il popolo fu informato che quella era la volontà di Dio per mezzo di Giosuè, tutti marciarono verso il fiume Giordano senza esitazione, con i sacerdoti in testa.

Credevano nell'Iddio onnisciente e onnipotente, e questo permise loro di obbedire, senza se, senza ma e senza lamentele.

Di conseguenza, non appena i piedi dei sacerdoti che portavano l'Arca toccarono l'acqua, la corrente si fermò e tutto il popolo attraversò il Giordano su terra asciutta.

Non solo, fecero cadere la città di Gerico, di cui si diceva che fosse una fortezza inespugnabile. A differenza di oggi, allora non esistevano armi così potenti da distruggere le mura doppie e possenti della città. Tutte le loro forze, non sarebbero bastate, distruggere le mura di Gerico era una missione estremamente difficile.

Dio disse loro di marciare intorno alla città una volta al giorno per sei giorni, e, al settimo giorno, di alzarsi presto la mattina e di marciare intorno a Gerico per sette volte, e poi, di gridare ad alta voce.

In una situazione in cui le forze del nemico stavano di guardia in cima alle mura, la seconda generazione dell'Esodo marciò attorno alle mura della città senza esitazione.

Le possibilità erano molte. Che il nemico scagliasse frecce a non finire, che avrebbe potuto lanciare un attacco su larga scala contro il popolo di Israele. La situazione era pericolosa, e loro obbedirono alla parola di Dio senza esitazione. Marciarono intorno alla città e le mura inespugnabili di un simbolo di forza si sgretolarono quando il popolo di Israele obbedì alla parola di Dio.

L'Autore:
Dott. Jaerock Lee

Il Dott. Lee è nato nel 1943, a Muan, in provincia di Jeonnam, nella Repubblica della Corea. Intorno ai vent'anni iniziò a soffrire di varie malattie incurabili. Dopo sette anni di sofferenza e senza alcuna speranza di guarigione, non gli restava che aspettare la morte. Un giorno, nella primavera del 1974, fu condotto in una chiesa da sua sorella e come si inginocchiò per pregare, l'Iddio vivente lo guarì immediatamente da tutte le sue malattie.

Dall'istante in cui ha incontrato l'Iddio vivente attraverso quell'esperienza meravigliosa, lo ha amato con tutto il suo cuore e tutta la sincerità di cui era capace. Nel 1978 fu chiamato ad essere un servitore di Dio. Seguì un periodo di preghiera profonda in modo da comprendere e compiere chiaramente la Sua volontà. Nel 1982, ha fondato la Chiesa Centrale del Ministerio Manmin in Seoul, Sud Corea e compiuto innumerevoli opere per mano di Dio, incluse guarigioni miracolose e molti miracoli.

Nel 1986, Il Dott. Lee è stato ordinato pastore durante la Riunione Annuale della Jesus' Sungkyul Church of Korea, e quattro anni più tardi nel 1990, i suoi sermoni cominciarono ad essere trasmessi in onda dalla Far East Broadcasting Company, dalla Asia Broadcast Station, and the Washington Christian Radio System fino in Australia, Russia, Filippine e molte altre nazioni.

Tre anni più tardi nel 1993, la Manmin Central Church è stata nominata tra le "50 Chiese più grandi del mondo" dal periodico cristiano "Christian World Magazine" (Stati Uniti). Inoltre, il dott. Lee ha ricevuto un Dottorato Onorario presso l'università cristiana, "Christian Faith College", Florida, Stati Uniti e nel 1996 un Dottorato Ministeriale presso l'università teologica "Kingsway Theological Seminary", Iowa, Stati Uniti.

Dal 1993 il dott. Lee ha intrapreso la direzione di una visione missionaria mondiale esplicitandola attraverso crociate all'estero, di cui alcune svoltesi in Tanzania, Argentina, LA, Baltimore City, Hawaii e New York City degli Stati Uniti, Uganda, Giappone, Pakistan, Kenya, Filippine, Honduras, India, Russia, Germania, Perù, Repubblica Democratica del Congo, Israele e in Estonia.

Nel 2002 molte riviste e giornali cristiani in Corea lo hanno definito "pastore mondiale" in riferimento al suo lavoro missionario all'estero. In particolare ha riscosso particolare clamore la sua "crociata di New York", svoltasi nel 2006 presso il Madison Square Garden, la più famosa arena del mondo. L'evento è stato trasmesso a 220 nazioni. Poi, durante la storica Crociata Evangelistica in Israele, che si è tenuta presso il Centro Congressi Internazionale (ICC) a Gerusalemme ha coraggiosamente proclamato che Gesù Cristo è il Messia e Salvatore.

I suoi sermoni sono trasmessi a 176 nazioni attraverso canali satellitari, tra cui la GCN TV. Nel 2009 è stato indicato come uno dei "Top 10 leader cristiani più influenti", e, nel 2010 la rivista cristiana russa "Nella Vittoria" e l'agenzia di stampa Christian Telegraph lo hanno premiato per i potenti messaggi TV all'estero sia come pastore di una grande chiesa.

A partire da marzo 2018, la Manmin Central Church ha una congregazione di oltre 130.000 membri, con oltre 11.000 chiese affiliate in tutto il mondo, tra cui 56 domestiche, e più di 102 missionari presenti in 26 paesi, tra cui Stati Uniti, Russia, Germania, Canada, Giappone, Cina, Francia, India, Kenya e altri.

Fino a questo momento Il Dott. Lee ha scritto 110 libri, inclusi i bestseller: *Gustare la Vita Eterna prima della Morte, La Mia Vita, La Mia Fede, Il Messaggio della Croce, La Misura della Fede, Cielo I e II, Inferno,* e *La potenza di Dio,* tradotti in più di 76 lingue.

I suoi articoli sono presenti su diversi periodici e riveiste cristiane, come *Hankook Ilbo, il JoongAng Daily, il Chosun Ilbo, il Dong-A Ilbo, il Seoul Shinmun, The Kyunghyang Shinmun, The Korea Economic Daily, The Shisa notizie,* e *la Press Christian.*

Il Dott. Lee è attualmente fondatore e presidente di un notevole numero di organizzazioni missionarie, oltre ad essere il presidente della chiesa "United Holiness Church of Korea", del quotidiano "Nation Evangelization Paper", fondatore e presidente della "GCN", network coreano di televisioni cristiane, del "WCDN" il primo network mondiale di medici e dottori cristiani e del "MIS" il seminario internazionale del ministerio Manmin.

Altri autorevoli libri dello stesso autore:

Cielo I e II

Uno schema dettagliato dell'ambiente meraviglioso che i cittadini del cielo godranno immersi nella gloria di Dio, la Nuova Gerusalemme e il regno dei cieli.

Il Messaggio della Croce

Un messaggio potente e rinvigorente per tutti quelli che sono spiritualmente sonnecchianti. In queste pagine troverete l'amore vero di Dio e le ragioni per cui Gesù è l'unico Salvatore.

Inferno

Un accorato messaggio divino a tutto il genere umano. Dio desidera che ogni anima sia salvata e non precipiti all'inferno! Questo libro svela dettagli e racconti sulle crudeltà dell'inferno come mai sono stati narrati prima.

La Potenza di Dio

Una guida essenziale per il credente su come possedere la vera fede e sperimentare la potenza mirabile di Dio.

Ricevere benedizioni tramite l'obbedienza

L'obbedienza trascende qualsiasi circostanza. L'obbedienza è il ponte su cui passa la straordinaria potenza di Dio. Ci sono circostanze in cui, umanamente, sia impossibile immaginare di obbedire. Ma agli occhi di Dio, non vi è nulla a cui non possiamo obbedire, perché Lui è onnipotente.

Per ettere in atto questo tipo di obbedienza, proprio come abbiamo fatto arrostendo l'agnello sul fuoco, dobbiamo ascoltare e comprendere la parola di Dio, pienamente, per ispirazione dello Spirito Santo.

Inoltre, proprio come il popolo di Israele osserva la Pasqua e la festa degli azzimi da generazioni, dobbiamo sempre ricordare la parola di Dio e praticarla diligentemente. Vale a dire, circoncidere il nostro cuore con la parola di Dio e gettare via i peccati e il male attraverso la gratitudine per la grazia della salvezza.

Solo allora la nostra fede sarà vera, solo allora l'obbedienza sarà perfetta.

Razionalmente, la parola di Dio contiene cose a cui non potremmo obbedire se iniziamo a filtrarle con le teorie, le conoscenze, o il buon senso. Eppure, la volontà di Dio per noi è che obbediamo, anche a queste cose, soprattutto perché nel mostrare questa obbedienza, Dio, poi, ci riserva grandi opere e benedizioni meravigliose.

Nella Bibbia, molte persone hanno ricevuto benedizioni incredibili attraverso la loro obbedienza. Daniele e Giuseppe ricevettero grandi benedizioni perché la loro fede in Dio era salda, e anche prima di morire, non hanno mai smesso di praticare la parola di Dio. La vita di Abramo, il padre della fede, è un esempio che ci consente di capire che Lui si compiace grandemente in coloro che gli obbediscono.

Le benedizioni di Abramo

> *Il SIGNORE disse ad Abramo: Va' via dal tuo paese, dai tuoi parenti e dalla casa di tuo padre, e va' nel paese che io ti mostrerò; io farò di te una grande nazione, ti benedirò e renderò grande il tuo nome e tu sarai fonte di benedizione* (Genesi 12:1-2).

A quel tempo, Abramo aveva settantacinque anni, non era davvero un uomo giovane. Immagino che non sia stato affatto facile per lui di lasciare il suo paese d'origine, lasciare i suoi parenti e la sua famiglia, anche e soprattutto dal momento perché non aveva figli e di conseguenza, nessun erede.

Non solo, Dio chiese ad Abramo di andarsene, di partire, senza una destinazione, non gli disse dove lo avrebbe condotto. Gli ordinò di andarsene. Punto. Di abbandonare tutto quello che aveva accumulato nella sua terra e di andare in un luogo completamente sconosciuto.

Se avesse utilizzato un minimo di raziocinio o di buon senso, obbedire gli sarebbe stato impossibile. Non è facile lasciare tutto

Spirito, Anima e Corpo I e II

Gli uomini sono stati creati a immagine di Dio, e senza Dio, non possono vivere. Otterremo le risposte alla domanda sull'origine dell'uomo solo quando sapremo chi è Dio.

Risvegliati Israele!

Perché Dio ha mantenuto i suoi occhi su Israele dal principio del mondo fino ad oggi? Che tipo di Sua provvidenza è stato preparato per Israele negli ultimi giorni, che attendono il Messia?

La Mia Vita, La Mia Fede I e II

L'autobiografia del Dott. Jaerock Lee. Un aroma spirituale fragrante per il lettore, che, attraverso la vita del pastore Lee, testimonierà dell'amore di Dio che ha rotto il giogo della disperazione più profonda.

La Misura della Fede

Quale regno, quale corona e quale ricompensa sono state preparate per voi in cielo? Questo libro provvede, con sapienza e rivelazione, una guida alla comprensione del concetto di "misura di fede" per maturare nella tua fede.

www.urimbooks.com

quello che abbiamo e andare in un posto completamente nuovo, neanche se abbiamo tutte le garanzie possibili e immaginabili per il futuro. Immaginiamo partire come fece Abramo! Eppure, lui, semplicemente, obbedì.

Ci fu un'altra occasione dove l'obbedienza di Abramo brillò la sua luce più luminosa. Per provare l'obbedienza di Abramo completamente, Dio permise una prova terribile, dopo la quale il patriarca avrebbe ricevuto grandi benedizioni.

Dio gli comandò di offrire il suo unico figlio, Isacco. Isacco rappresentava tutto quello che di più prezioso Abramo avesse. Isacco era per Abramo anche più importante e prezioso della sua stessa vita, eppure, non esitò ad obbedire.

Dio gli parlò, e Genesi 22:3 racconta che, il giorno dopo, Abramo si alzò presto la mattina e preparò tutto il necessario per offrire un sacrificio a Dio. Infine si recò nel luogo stabilito.

Questa volta, si trattava di dimostrare un livello molto più alto di obbedienza, di quello che fu necessario per lasciare il suo paese e la casa di suo padre. A quel tempo, Abramo obbedì, senza realmente conoscere la volontà di Dio. Ma quando Dio gli disse di offrire suo figlio Isacco come sacrificio, comprese il cuore di Dio e la sua volontà. E obbedì. Ebrei 11:17-19 racconta che, Abramo credeva fermamente nel suo cuore che, anche se lui avesse offerto davvero suo figlio come olocausto, Dio lo avrebbe resuscitato, perché era il seme della promessa di Dio.

Dio si compiacque grandemente della fede di Abramo e provvide un sacrificio. Dopo aver superato questa prova, Dio chiamò Abramo suo amico e gli diede grandi benedizioni.

Ancora oggi, ai nostri giorni, le risorse idriche di Israele scarseggiano, ma erano ancora più scarse durante il periodo di Abramo. Eppure, ovunque Abramo andasse, c'era abbondanza di acqua. Di riflesso, anche suo nipote Lot, che si trovava con lui, ricevette grandi benedizioni.

Abramo possedeva molti bovini, molto argento e oro. Era un uomo molto ricco. Quando suo nipote Lot fu rapito e tenuto prigioniero, Abramo prese 318 uomini che erano cresciuti in casa sua, e salvò Lot. Solo attraverso questo fatto, possiamo comprendere quanto fosse ricco.

Abramo obbedì alla parola di Dio, e di conseguenza, non solo lui ma anche la terra intorno a lui e tutti quelli che erano con lui, ricevevano benedizione.

Attraverso Abramo, anche suo figlio Isacco ricevette la benedizione, e così tutti i suoi discendenti, che furono così tanti da formare un'intera nazione. Non solo, Dio dichiarò su Abramo che Egli avrebbe benedetto chiunque lo avesse benedetto e maledetto chiunque lo avesse maledetto. Abramo era un uomo così tanto rispettato che anche i re delle nazioni vicine gli rendevano omaggio.

Abramo ricevette ogni sorta di benedizioni che si possono ricevere su questa terra, tra cui la ricchezza, fama, autorità, salute e bambini. Come scritto nel capitolo 28 del Deuteronomio, era benedetto quando entrava e benedetto quando usciva.

Non solo, fu la fonte delle benedizioni della sua progenie e il padre della fede, comprendeva profondamente il cuore di Dio tanto che l'Eterno lo considerava suo amico. Che benedizione gloriosa!

Poichè Dio è amore, Egli vuole che tutti diventino come Abramo e ricevano benedizioni gloriose. È per questo che Dio ci ha lasciato così tanti dettagli sulla vita del patriarca. Chi segue il suo esempio e obbedisce alla parola di Dio può ricevere le stesse benedizioni, quando entra e quando esce, proprio come Abramo.

L'amore e la giustizia di Dio che desidera benedizioni per noi

Fino ad ora abbiamo esaminato le dieci piaghe inflitte all'Egitto e la Pasqua, quale via di salvezza per gli Israeliti. Grazie a questo siamo in grado di capire i motivi per cui ci troviamo di fronte a dei disastri, come evitarli, e come essere salvati.

Se si soffre di problemi o di malattie, dobbiamo renderci conto che, originariamente, sono causate dalla nostra malvagità. Poi, occorre guardare noi stessi, pentirci, ed estirpare dal nostro cuore ogni forma di male. Inoltre, attraverso Abramo, siamo in grado di comprendere le benedizioni meravigliose e inimmaginabili che Dio dona a coloro che gli ubbidiscono.

Ci sono cause per tutti i disastri, e, in base a quanto comprendiamo questo con il cuore e ci allontaniamo dal peccato e dal male, i risultati cambiano e le condizioni sono molto diverse. Alcuni pagheranno solo la pena per le loro malefatte, mentre altri troveranno l'oscurità e il male dentro il proprio cuore attraverso la sofferenza e questo li trasformerà.

In Deuteronomio, al capitolo 28, leggiamo chiaro il confronto tra le benedizioni e le maledizioni, che ci coglieranno se ubbidiamo o disubbidiamo alla parola di Dio.

Dio vuole elargire su di noi solo benedizioni, ma in Deuteronomio 11:26 dice chiaramente: *"Guardate, io metto oggi davanti a voi la benedizione e la maledizione"*, la scelta sta a noi. Se si seminano fagioli, fagioli germoglieranno. Allo stesso modo, i disastri e i dolori che soffriamo, sono portati da Satana a causa dei nostri peccati. In questo caso, Dio deve consentire che le piaghe che il nemico vuole affliggerci, cadano su di noi secondo la sua giustizia.

I genitori che desiderano una vita prospera per i propri figli, li incitano a studiare, a vivere una vita retta, a rispettare la legge, e così via. Questo è il cuore di Dio verso di noi, ci ha donato i suoi comandamenti e desidera che noi li rispettiamo. I genitori che amano, non vogliono che la vita dei propri figli sia sventurata e distrutta, per questo danno loro regole, per questo li puniscono quando disobbediscono. Allo stesso modo, non è mai la volontà di Dio che noi soffriamo.

La mia preghiera nel nome del Signore Gesù Cristo è che ogni lettore si renda conto che la volontà di Dio per i Suoi figli non è disastro, ma benedizione, e che, è solo attraverso una vita di obbedienza che si ricevono benedizioni, quando si arriva e quando si parte. Se ubbidirete, andrà tutto bene.

www.ingramcontent.com/pod-product-compliance
Lightning Source LLC
LaVergne TN
LVHW041814060526
838201LV00046B/1260